K 了不起的教育学系列

333 教育综合
答题一本通

丹丹老师　编著

中国教育出版传媒集团
高等教育出版社·北京

图书在版编目（CIP）数据

333教育综合答题一本通 / 丹丹老师编著. -- 北京：高等教育出版社，2023.9
ISBN 978-7-04-061079-6

Ⅰ. ①3… Ⅱ. ①丹… Ⅲ. ①教育学－研究生－入学考试－自学参考资料 Ⅳ. ①G40

中国国家版本馆CIP数据核字（2023）第162248号

333 JIAOYUZONGHE DATI YIBENTONG

策划编辑	李笑雪	责任编辑	李笑雪	封面设计	贺雅馨	版式设计	徐艳妮
责任校对	刘丽娴	责任印制	朱 琦				

出版发行	高等教育出版社		网　　址	http://www.hep.edu.cn
社　　址	北京市西城区德外大街4号			http://www.hep.com.cn
邮政编码	100120		网上订购	http://www.hepmall.com.cn
印　　刷	北京七色印务有限公司			http://www.hepmall.com
开　　本	880 mm×1230 mm　1/32			http://www.hepmall.cn
印　　张	8			
字　　数	220千字		版　　次	2023年9月第1版
购书热线	010-58581118		印　　次	2023年9月第3次印刷
咨询电话	400-810-0598		定　　价	36.00元

本书如有缺页、倒页、脱页等质量问题，请到所购图书销售部门联系调换
版权所有　侵权必究
物 料 号　61079-00

前言

各位同学大家好！

我是丹丹老师，很开心给大家介绍这本《333教育综合答题一本通》。

对全国硕士研究生招生考试教育专业学位硕士教育综合科目来说，如何在有限的时间内准确理解题意、灵活运用所学知识是考生必须掌握的技能。本书旨在帮助考生系统化学习教育综合科目必备的基础理论知识，并在此基础上培养考生的应试技能。

本书分为上、下两篇。上篇主要包括教育综合常考的选择题考点、重要术语以及常见的论述题，考生可通过学习，巩固基础知识，准确理解考点。下篇则重点突破应试中的难点与薄弱环节，通过大量案例题和材料题的训练，帮助考生灵活运用知识，熟练掌握案例题和材料题的解题思路和技巧。可以说，这是一本集"输送知识"和"启发思维"于一体的书籍。

本书除了适用于教育综合统考考生外，也适用于各类333自命题考生。无论是统考还是自命题，考试成绩的提高都离不开对基础知识的记忆和熟练运用。

这本书不仅是一本备考用书，也是学习教育学知识的指南。大家要在学习理论知识的同时，关注知识的应用和迁移，通过练习提高知识应用的能力。希望本书能帮助大家在入学考试中取得优异成绩，也为以后的学习和研究打下扎实基础。大家加油！我们一定会成功！

目录

上篇

3/ 教育学原理

- 4/ 第一章 教育及其产生与发展
- 8/ 第二章 教育与社会发展
- 13/ 第三章 教育与人的发展
- 17/ 第四章 教育目的与培养目标
- 22/ 第五章 教育制度
- 26/ 第六章 课程
- 32/ 第七章 教学
- 43/ 第八章 德育
- 49/ 第九章 教师与学生

57/ 中国教育史

- 58/ 第一章 西周官学制度的建立与"六艺"教育的形成
- 60/ 第二章 私人讲学的兴起与传统教育思想的奠基
- 68/ 第三章 儒学独尊与读经做官教育模式的形成
- 71/ 第四章 封建国家教育体制的完善
- 77/ 第五章 理学教育思想和学校的改革与发展
- 82/ 第六章 理学教育思想的批判与反思
- 84/ 第七章 近代教育的起步
- 88/ 第八章 近代教育体系的建立
- 93/ 第九章 近代教育体制的变革

101/	第十章	南京国民政府时期的教育
102/	第十一章	现代教育家的教育理论与实践
112/	第十二章	新民主主义教育的发展

外国教育史

116/	第一章	东方文明古国的教育
118/	第二章	古希腊教育
122/	第三章	古罗马教育
124/	第四章	西欧中世纪教育
128/	第五章	文艺复兴与宗教改革时期的教育
131/	第六章	欧美主要国家和日本的教育发展
138/	第七章	欧美近代教育思想的发展
146/	第八章	19世纪末至20世纪前期欧美教育思潮和教育实验
154/	第九章	欧美主要国家和日本的现代教育制度
160/	第十章	现代欧美教育思想

教育心理学

164/	第一章	心理发展与教育
170/	第二章	学习及其理论
179/	第三章	学习动机
185/	第四章	知识的建构
188/	第五章	技能的形成
191/	第六章	学习策略及其教学
192/	第七章	问题解决能力与创造性的培养
201/	第八章	态度与品德的学习

下篇

204/ 一、案例题
226/ 二、材料题

上篇

录　目

教育学原理

第一章 教育及其产生与发展

一、重要名词及选择题考点

1. 教育

（1）教育的概念：教育是教育者根据一定社会的要求和年轻一代身心发展的规律，对受教育者进行的一种有目的、有计划、有组织地传授知识和技能、培养思想品德、发展智力和体力的社会实践活动，教育者通过这种活动把受教育者培养成为一定社会所需要的人。

（2）广义的教育：指凡是有目的地增进人的知识技能，影响人的思想品德，增强人的体质的活动。不论是有组织的还是无组织的，系统的还是零碎的，有教育者教导的还是自我教育的，都是教育。

（3）狭义的教育：主要指学校教育。

（4）有目的地培养人的活动是教育质的特点。

2. 教育的三种陈述形式

关于教育的陈述可以分为教育定义、教育隐喻和教育口号。如"再穷不能穷教育"属于教育口号，"教育是对人心灵的陶冶"属于教育隐喻。

3. 谢弗勒教育定义类型

谢弗勒提出了三种教育定义方式，即规定性定义、纲领性定义和描述性定义。

（1）规定性定义即作者自己所下的定义，其内涵在作者的话语情境中始终同一。

（2）纲领性定义是有关定义对象应该是什么的界定。例如，教育是"社会借以发展年轻一代认识生活中的善和价值的能力的手段"。

（3）描述性定义是对被定义对象的适当描述或如何使用定义对象的适当说明。比如"苹果是一种红色的、圆形的水果"。

4. 教育的起源
（1）教育的生物起源说主张教育是扎根于本能的不可避免的行为。
（2）教育的心理起源说主张教育起源于动物的模仿行为。

5. 教育的功能
教育既有正向功能又有负向功能，既有隐性功能又有显性功能，既有对人的功能，又有对社会的功能。如某班教师为了激发和保持学生的学习动机，开展了一系列学习竞赛活动。结果如教师所料，学生的学习热情高涨，成绩明显提高。但没有想到的是，学生之间相互猜忌、隐瞒学习资料等现象日趋严重。上述事实表明，教育既有正向显性功能，又有负向隐性功能。

6. 非正规教育
非正规教育指的是没有能够形成相对独立的教育形式的教育，与生产生活高度一体化。学校产生之前，以非正规化教育为主。学校产生之后很长一段时间以正规化教育为主。但是也有思想家对现代社会的正规化教育提出了批评。

美国教育家、非学校化运动倡导者伊里奇在《非学校化社会》中指出：学校教育具有压制性、同质性、破坏性。

伊里奇认为"真正的教育应该是创造性的，依赖于对出乎意料的问题的惊奇、对事物的想象以及对生活本身的热爱"。

二、论述题

1. 论述现代教育的特点。
2. 论述当代教育的发展趋势。

 论述题参考答案

1. 论述现代教育的特点。

从一般意义上讲，现代教育通常包括资本主义社会的教育和社会主义社会的教育。

（1）培养全面发展的人由理想走向实践。

社会主义社会的教育把马克思主义作为指导思想，把培养全面发展的人作为最终目标，在各级各类教育中都贯彻德、智、体、美、劳全面发展的方针，使造就全面发展的人在不断的实践中提升完善。

（2）教育与生产劳动相结合日趋密切。

现代化工业大生产要求劳动者必须具有一定程度的科学文化素养。随着工业革命的不断发展，教育越来越成为国家的重要事务。

（3）教育普及制度化，教育形式、手段多样化。

一些国家开始普及义务教育，颁布了各种教育的法案。同时，教育形式也不断发展，比如，班级授课制的创立，教学方法从灌输式教学到结合启发式教学。在教学手段上，幻灯片、广播、电影以及计算机辅助教学等手段不断被应用。

（4）教育实施的法制化和民主化。

现代教育最重要的特点是教育实施的法制化和民主化，用法律制度规范教育行为，减少甚至避免各种非理性、随意化现象的发生。教育民主化是对教育等级化、特权化和专制化的否定。时至今日，很多国家不但中小学教育实现了普及，高等教育实现了大众化，各级各类教育之间的界限也被打破。

（5）人文教育与科学教育携手并进。

世界各国的古代教育大多以人文教育为主，随着时代的进步，人们逐渐认识到科学技术的应用在促进社会发展的同时，带来了诸如环境污染等许多负面效应，这使现代教育开始注重人文教育与科学教育的结合。

（6）教育日益显示出开放性和整体性。

现代教育出现了许多新的形式，课程内容、教学方法不再封闭，学习也不再局限于教师传授的固有知识。现代教育作为一个系统，整体性越来越强，各学段之间的课程设计、内容安排等都强调各学科之间有机衔接和顺利过渡。同时，这种整体性还表现在各级各类教育之间的协同化。

2. 论述当代教育的发展趋势。

（1）教育全民化。

教育全民化是指人人都享有平等的受教育的权利。每个人必须接受一定程度的教育,这是为了应对全球大量儿童失学、成年文盲比例高、教育质量低下和教育不平等等严峻挑战而发起的。

（2）教育现代化。

教育现代化即教育将社会现代化的理念和要求逐渐现实化的过程。教育现代化包括教育理念、教育内容、教育体制机制、教育手段方法、教育管理和教师素质等方面的现代化。

（3）教育国际化。

教育国际化即以国际的视野和全球认同的方式构建教育发展和运行的完整体系和管理制度，教育应该从态度、知识、情感、技能等方面培养受教育者从小就为一个国际化的时代做准备。

（4）教育终身化。

终身教育由保尔·朗格朗在20世纪60年代提出。终身教育即一个人从出生到死亡所受的各种教育的总和，它否认了过去将人的一生分为学习期和工作期的说法。

（5）教育信息化。

教育信息化就是在教育领域全面深入地运用现代信息技术来提升教育现代化水平的过程。

（6）教育创新。

教育也需要改革创新。改革创新是教育发展的强大动力。教育创新的目标就是不断提高国民素质，培养适应社会发展需要的人才。教育创新不只是教育技术手段的创新，也不只是教育某些部分或某些环节的变化，它是涉及观念、模式、制度等诸多层面的整体性变革。

第二章 教育与社会发展

 一、重要名词及选择题考点

1. 人力资本理论

20世纪60年代,美国经济学家舒尔茨创立了人力资本理论。人力资本是体现在人身上的资本,表现为人的知识、技能及其能力的总和。

(1)人力资源是一切资源中最主要的资源。

(2)在经济增长中,人力资本的作用大于物质资本的作用。

(3)教育投资是人力投资的主要部分。教育可以提升人的知识、技能及其能力。

(4)20世纪60年代以来,许多国家推行"教育先行"改革,以促进国民经济的快速发展。这种政策的理论基础是人力资本理论。

人力资本理论突破了传统物质资本的束缚,开辟了关于人的生产能力的崭新思路,为研究经济理论和实践提供了全新的视角。但该理论忽视了劳动力市场中的其他筛选因素。

2. 筛选假设理论

筛选假设理论,简称筛选理论,又称文凭理论,是一种雇主依靠标签和信号对劳动力进行市场选择的理论。

(1)筛选假设理论认为教育只是一种筛选装置,其作用在于帮助雇主识别不同能力的求职者。而不是人力资本理论认为的教育可以提高人的能力。

(2)强调教育文凭的重要性,认为筛选作用是教育的主要经济价值。

(3)认为教育与工资之间呈正相关。一个人学历水平越高,其未来获得工资水平越高。

3. 劳动力市场理论

劳动力市场理论主要是在批判筛选假设理论的基础上发展起来的。该理论认为:

(1)劳动力市场由主要劳动力市场和次要劳动力市场组成。

(2)教育与个人的收入不直接相关,工资水平取决于在哪个劳动力市场工作。在主要劳动力市场的收入会高于在次要劳动力市场的收入。

(3)在哪个劳动力市场工作不只受教育因素的影响,还和人的性别、年龄、种族等其他因素相关。

二、论述题

1. 论述教育的社会制约性和社会功能。
2. 论述现代化与教育变革之间的关系。
3. 论述信息时代与教育变革之间的关系。

论述题参考答案

1. 论述教育的社会制约性和社会功能。

(1)教育的社会制约性。

教育是社会文化的组成部分,由社会所决定。这体现在以下几个方面:

① 教育目的。教育的总体目标是适应社会发展需要,满足社会竞争要求。社会对人才的需求影响教育的训练目标。

② 教育内容。教育内容是社会要积累和传播的知识技能与理念。社会科学理论、职业分类和科技发展影响教育的知识内容。社会主流价值观影响教育的理念内容。

③ 教育形式。教育形式同样取决于社会要素。社会文化传统影响教育的运作方式;社会阶层状况影响教育的类型;社会经济发展水平制约教育投入与教学条件。

④ 教育政策。教育政策是由政府在社会各种要素的制约下制定的。政治体制、意识形态、社会环境都是政策制定的影响因素。

所以，教育并非自成体系，而是深受社会各种要素的制约与影响。教育的发展方向和变革也取决于社会环境的变化和社会发展的需要。教育具有鲜明的社会属性和社会制约性。

（2）教育的社会功能。

教育对社会发展具有重要的作用：

① 传播文化。教育承担着传播社会文化和知识技能的重任，使社会文化得以延续发展。

② 培养人才。教育培养各行各业需要的人才，为社会提供人力资源保障、人才支持。

③ 促进社会进步。教育培养现代意识与创新精神，素质教育使每个人都可以发挥潜力，这推动了社会的进步与发展。

④ 提高国力。教育水平的提高可使国家竞争力增强、综合国力提升。

⑤ 弘扬主流文化。教育积极地传播和践行社会主流文化，有利于社会价值观的塑造。

教育的这些社会功能对社会稳定与发展至关重要。社会也因此给予教育以政策支持、经费保障与环境创造。教育的社会功能与社会支持是相互依存的关系。

综上，教育具有明显的社会属性，受到社会各要素的制约，其发展方向和内容由社会决定。同时，教育也具有多种社会功能，满足社会需要，服务社会进步。教育的社会制约性与社会功能是相辅相成的关系。正确认识二者的关系有利于我们正确认识教育，推进教育事业与社会的和谐发展。

2. 论述现代化与教育变革之间的关系。

现代化和教育变革之间存在密切的关系。现代化要求社会形态与结构的变化，教育变革是实现这种变化的重要手段之一。

第一，现代化要求培养现代人才。现代社会需要大量智力型人才和技能型人才。教育变革要适应这一需求，更新教育理念，改革课程与教学方式，培养学生现代产业必需的知识与能力。

第二，现代化要求适应社会变化。社会生产方式、生活方式在现代化进程中发生巨大变化。教育要主动回应这些变化，更新知识结构，培养学生适应社会变化的能力，如创新精神、终身学习能力等。

第三，现代化要求形成现代意识。实现现代化必须形成现代的价值观念和思维方式。教育要更新教育内容，培养学生现代的世界观和方法论，普及现代知识，传播现代思想。

第四，现代化要求发展现代教育事业。教育现代化是实现社会现代化的前提。教育要推进理念变革、制度创新、投入保障等，形成现代的教育治理体系和投资机制，不断提高教育水平与质量。

综上，现代化要求社会各领域实现现代转变，教育作为社会发展的基石，必须主动适应现代化要求。通过理念更新、人才培养、内容传播等手段推动教育变革，以适应知识社会发展，满足现代产业需求，促进社会进步，加快现代化进程。

现代化的实现同样需要教育变革的支撑。两者是互为因果的关系，必须协调发展，以实现社会的可持续进步。总之，现代化和教育变革是共生共育的。它们既是现代社会发展的驱动力量，又是支撑现代社会运行的重要条件。教育要主动服务并促进现代化进程，现代化的发展也必然推动教育的变革和进步。两者之间要形成良性互动的关系，共同推动社会发展与进步。

3. 论述信息时代与教育变革之间的关系。

信息时代的到来，信息技术得到广泛应用，这对教育提出了新的要求与挑战：

（1）培养信息素养。信息时代要求培养学生的信息知识、技能与思维方式，提高信息采集、分析与技术创新能力。这需要教育内容与方式进行信息化改革。

（2）利用信息技术。教育要利用信息技术改革教学方式，实现远程教学、数字教材等。这需要进行信息化建设，加强教师培训。

（3）优化学习方式。信息技术使学习更加个性化和自主化。这需要改变以教师为中心的传统教学方式，实现教学方式的信息化转变。

（4）完善评价方式。教育评价要考虑学生的信息素养和运用信息技术的能力。这需要改革考试内容与方式，实现评价的信息化。

（5）深化教改力度。信息时代的到来使教育改革迫在眉睫。这需要加快教改步伐，构建以信息技术为支撑的教育体系，培养与信息社会相匹配的人才。

所以，信息时代催生和加速了教育的变革与创新。教育变革也推动了信息社会的发展。两者是互动、互为基础的关系。认识这一关系，有助于我们把握教育发展方向，落实信息化教育。

第三章
教育与人的发展

一、重要名词及选择题考点

1. 不平衡性

发展的不平衡性是指个体的发展并不总是按相同的速度直线前进的。

在个体的发展过程中,身心发展的速度和方面在不同年龄阶段或者在同一年龄阶段的发展都是不均衡的。比如,从总体发展来看,幼儿期和青春发育期是两个加速发展期,童年期平稳发展,到了老年期则开始出现下降。此外,个体的思维、语言等都存在着不同的发展关键期。

教育应抓住发展的关键期,促进个体发展。

2. 内发论

根据影响个体身心发展的动因源自内部还是源自外部,分为内发论和外铄论。内发论又称自然成熟论、生物预成论、遗传决定论等,其基本观点是个体的发展受一定的生物机制及个体经验结构的控制,从而呈现出一定的循序渐进的演变阶段,外在环境的影响不能改变这种发展逻辑。内发论的代表人物有美国心理学家霍尔与格赛尔、英国人类学家和心理学家高尔顿、中国的孟子等。

霍尔指出:"一两的遗传胜过一吨的教育。"

格赛尔强调成熟机制对人的发展起决定作用。

孟子提出"性善论",认为"人之初,性本善"。

3. 外铄论

外铄论又称环境决定论、外塑论或经验论等,主张个体发展的实质是环境影响的结果,环境影响决定个体心理发展的水平与形式。

外铄论的思想从哲学上发轫于英国经验决定论者洛克的"白板说"，代表人物主要有美国心理学家华生、法国启蒙思想家爱尔维修、中国的荀子等。华生从刺激-反应的观点出发，强调外显的刺激与反应之间的联结。爱尔维修是"教育万能论"的倡导者，认为教育可以改造一切，从外部塑造一切个体。荀子提出"性恶论"。

二、论述题

1. 简述个体身心发展的一般规律及其教育学意义。
2. 简述影响人发展的基本因素。
3. 有人说，人工智能时代，学生可以在家利用人工智能学习，学校可以被取代。对此你怎么看？

>>> 论述题参考答案

1. 简述个体身心发展的一般规律及其教育学意义。

个体身心发展的主要规律包括发展的顺序性、发展的阶段性、发展的差异性和发展的不平衡性。

（1）发展的顺序性。

个体身心发展是一个由低级到高级、由量变到质变的连续不断的发展过程，这一发展过程具有一定的方向性和先后顺序。比如，个体动作的发展遵循自上而下、由躯体中心向外围、从粗动作向细动作等发展规律。就心理发展而言，总是从无意注意到有意注意、从机械记忆到意义记忆、从具体形象思维到抽象逻辑思维等。

个体身心发展的顺序性要求教育要遵循量力性原则，循序渐进地进行以促进儿童身心发展。

（2）发展的阶段性。

从总体上看，在个体发展的不同阶段会表现出不同的年龄特征及主要矛盾，面临着不同的发展任务。

个体身心发展的阶段性要求教育要从学生的实际出发，尊重不同年龄阶段学生的特点，并根据这些特点提出不同的发展任务，采用不同的教育内容和方法，进行有针对性的教育。

（3）发展的差异性。

个体的发展经历着共同的基本阶段，但由于遗传、环境、教育及其自身主观能动性的不同，个体差异非常明显。

个体的发展的差异性启示我们：在教育学生时要多了解学生，根据学生不同的发展水平因材施教，促进学生的个性发展。

（4）发展的不平衡性。

个体的发展并不总是按相同的速度直线前进的。从总体发展来看，幼儿期和青春发育期是两个加速发展期，童年期平稳发展，到了老年期则开始出现下降。

个体的发展的不平衡性启示我们：教育要把握好个体发展的关键期，适时地采取有效措施促进学生发展。

2. 简述影响人发展的基本因素。

（1）遗传素质及其在人的身心发展中的作用。

① 遗传素质是人的身心发展的生理前提，为人的发展提供了可能性；

② 遗传素质的成熟程度制约着人的发展过程及年龄特征；

③ 遗传素质具有差异性。

（2）环境及其在人的身心发展中的作用。

① 环境是个体身心发展的外部条件，为个体的身心发展提供了可能性与限制；

② 环境对个体身心发展的影响既取决于环境自身，也取决于个体的意识发展水平；

③ 环境对个体身心发展的影响，最终取决于个体主观能动性的发挥。

（3）个体自身的主观能动性及其在人的身心发展中的作用。

① 个体的能动性是在人的活动中产生和表现出来的；

② 个体活动制约着环境影响的内化与主体的自我建构；

③ 个体通过能动的活动选择，建构着自我的发展。

（4）学校教育在人的身心发展中的作用。

① 学校教育是一种有目的地培养人的社会活动；

② 学校教育主要通过科学文化科学知识的传承来培养人；

③学校教育可以加速人的现代化。

3. 有人说，人工智能时代，学生可以在家利用人工智能学习，学校可以被取代。对此你怎么看？

我对这种说法持怀疑态度。理由如下：

（1）人工智能可以助学而非取代学校。

人工智能技术虽然可以增强学习的个性化和自主化，但并不能完全取代学校教育。学校教育具有以下优势：

①有系统的知识传授。学校教育有系统的教学大纲和课程设置，可以系统、全面地传授知识。利用人工智能在家学习较难达到这种系统性。

②良好的学习氛围。学校具有较好的学习氛围，有助学习动力的产生和习惯养成。家庭学习难以达到这一效果。

③人际交往机会。学校学习有利于学生人际交往能力的培养，通过合作与交流促进学习。人工智能学习较难提供这方面机会。

④定期督促和评价。学校教育有定期的作业、测试和考试，可以督促学习进度，对学习效果进行评价。人工智能学习较难实施这一机制。

所以，人工智能技术应被看作提高学习效率和促进个性化学习的有效手段，而非取代学校教育。学校教育在知识系统传授、学习环境塑造、社交能力培养和学习督促等方面仍具备明显优势。

（2）人工智能也需要教师指导。

人工智能虽然可以在一定程度上模拟和代替教师的教学功能，但这并不等同于可以完全替代教师的作用。教师在学习指导、问题解答、个性化辅导等方面仍具有不可替代的作用。

（3）社会对学历教育的要求不变。

就业和晋升仍然要求高学历。这使得学校教育仍具有其存在的社会基础。

综上，人工智能技术可以拓展学习方式、提高学习效率，但很难完全取代学校教育。人工智能辅助学习需要教师和学校支持。学校教育具有其独特优势。所以，人工智能很难取代学校教育，两者应是相互补充而非对立的关系。

第四章
教育目的与培养目标

 重要名词及选择题考点

1. 教育目的

教育目的是指教学过程结束时所要达到的结果,或教学活动预期达到的结果,从而把受教育者培养成为一定社会需要的人。

(1)教育目的是根据一定社会的政治、经济、生产、文化科学技术发展的要求和受教育者身心发展的状况确定的。

(2)它反映了一定社会对受教育者的要求,是教育工作的出发点和最终目标,也是确定教育内容、选择教育方法、检查和评价教育效果的根据。

2. 教育目的的层次

一般来说,教育目的的层次结构由教育目的、培养目标、课程目标、教学目标构成。

(1)教育目的:社会(国家或地区)对各级各类教育所要培养的人的总体要求。

(2)培养目标:一般指学校的培养目标。

(3)课程目标:学校的课程目标。

(4)教学目标:课堂、教师的教学目标。教育目的—培养目标—课程目标—教学目标,是不断细化的过程。

3. 教育方针

教育方针是国家或政党根据一定时期政治、经济发展的总路线、总任务规定的教育工作的发展思路和发展方向。教育方针是教育工作的总方向和根本指针,是教育政策的总概括。

我国的教育方针是坚持教育为社会主义现代化建设服务、为人民服务，把立德树人作为教育的根本任务，全面实施素质教育，培养德智体美劳全面发展的社会主义事业建设者和接班人，努力办好人民满意的教育。

4. 个人本位论

个人本位论主张教育的根本目的是充分发挥人的潜能和个性，与社会的要求无关。其代表人物有卢梭。

（1）教育目的是根据个人发展的需要，而不是根据社会的需要制定的。（2）个人价值高于社会价值。（3）教育结果是以个人的潜能和个性的发挥程度来衡量的。

5. 社会本位论

社会本位论主张教育的根本目的是由社会发展的需要决定的，与人的潜能和个性的需要无关。在历史上，持社会本位论的哲学家和教育家主要有涂尔干、凯兴斯泰纳等。

（1）社会价值高于个人价值，个人的一切发展都依赖于社会。（2）教育除了满足社会需要以外并无其他目的。（3）教育结果是以其社会功能发挥的程度来衡量的。

6. 人的全面发展

我国教育目的的理论基础是马克思主义关于人的全面发展的学说。

（1）"人的全面发展"是指在人的劳动能力全面发展的基础上，包括人的社会关系、体力、智力、道德精神全貌、意志、情感、个性及审美意识和实践能力等各方面的和谐统一发展。"人的全面发展"，包括人的能力的全面发展和人的自由发展。

（2）教育要求：在教育中，引导学生全面发展的同时，应该关注学生个性的自由发展，着重培养学生的创新精神、批判性思维与独立个性。

7. 教育适应生活说

杜威对教育准备生活说进行了批判。他提出了"教育即生活"，主张教育应当是生活本身的一个过程，而不是未来生活的准备，要求学校把教育和儿童眼前的生活联系在一起，教儿童适应眼前的生活环境。

8. 劳动教育

劳动教育是引导学生掌握现代劳动的知识和技能，养成良好的劳动习惯和正确的劳动态度,培育学生科学的劳动价值观的教育。

9. 美育

美育是指培养学生正确的审美观,发展他们发现美、鉴赏美、创造美、分享美的能力,以陶冶他们的情操净化其心灵。美育教学在学生全面发展中处于不可或缺的一部分。

10. 我国教育目的的基本精神

(1)坚持社会主义性质。

坚持社会主义性质是我国教育目的的应有之义。新中国成立以来,我国的教育目的表述充分体现了这一点。比如,"有社会主义觉悟""热爱社会主义祖国和社会主义事业""社会主义事业建设者和接班人"等。这些提法充分说明了我国教育目的的社会主义性质。

(2)培养"劳动者"或"建设人才"。

我国当代教育目的在表述上不断发生变化,但教育目的价值取向中培养"劳动者"或"社会主义事业建设人才"这一基本规定却始终没有变。

(3)坚持全面发展。

受教育者的全面发展,从分类的角度看,包括生理和心理两个方面的发展;从分层的角度看,是一个多层次的发展所构成的立体结构。比如,根据人的现实生活所要处理的关系,可分为三种:即与自然的关系、与社会的关系和与自我的关系。

(4)培养独立个性。

培养受教育者的独立个性,就是要使受教育者的个性自由发展,增强受教育者的主体意识,培养受教育者的开拓精神、创造才能,提高受教育者的个人价值。

二、论述题

论述全面发展教育各组成部分之间的关系。

>>> 论述题参考答案

论述全面发展教育各组成部分之间的关系。

（1）全面发展教育的含义。

全面发展教育是指教育者根据社会的政治、经济需要和人的身心发展的规律和特点，有目的、有计划、有组织地对受教育者实施的、旨在促进人的素质结构全面、和谐、充分发展的系统教育。全面发展教育由德育、智育、体育、美育和劳动教育五部分组成。

① 德育：狭义的德育专指道德教育，广义的德育，除道德教育外，还包括人的成长生活的其他品德内容，如思想教育、政治教育、法治教育、生命教育、人格教育、心理品质教育等。

② 智育：向学生传授系统科学知识和技能，培养和发展学生学识素养和智慧才能的教育。

③ 体育：向学生传授身体运动及保健知识，增强体质、提高身体素质和运动能力的教育。

④ 美育：培养学生正确的审美观点，发展感受美、鉴赏美、创造美的能力。

⑤ 劳动教育：引导学生掌握现代劳动的知识和技能，养成良好的劳动习惯和正确的劳动态度，培育学生科学的劳动价值观的教育。

（2）全面发展教育的组成关系。

① 互为基础。各部分分别培养学生的基本素质，为其他部分发展奠定基础。如德育为智育之基，智育也促进德育。

② 相互渗透。各部分通过渗透相互促进，如体育运动可以强化意志品质，科学知识也使生活技能更为合理。

③ 相互依存。各部分相互依存、缺一不可，共同促进学生全面发展。如智育需要体育和技能发展的配合。

④ 统一目标。各部分追求的目标是学生整体素质的提高和能力的全面发展。这使得各部分相向同行，相互支撑。

⑤ 相对独立。虽然各部分关系密切，但教育内容和方式上仍相对独立，有其本位的追求，这保证了各部分的专业发展。

⑥ 协调统一。在独立发展的同时，更需要各部分进一步协调，形成合力，实现教育目标的最佳统一。

全面发展教育要充分发挥各组成部分的作用，实现它们之间的互动与协调，相互促进、相互渗透、相互依存。只有构建各部分间的协调机制，实现教育内容、方式与目标的最佳统一，才能真正做到学生的全面发展。这需要我们进一步认识各部分之间的关系，持之以恒地加以实践。综上，全面发展教育的实现需要各教育部分之间的配合。它们之间是相互依存、相互促进的关系。要实现学生全面发展，必须构建这种关系的内在协调机制，发挥各部分的作用，实现目标和内容的统一。这需要我们不断加深对这种关系的认识，在教育实践中予以落实。

第五章 教育制度

一、重要名词及选择题考点

1. 教育制度

教育制度是指一个国家各级各类实施教育的机构体系及其组织运行的规则。

(1)各级各类教育机构与组织;(2)教育机构和组织赖以存在和运行的规则,如各种相关的教育法律、规则、条例等。

学校教育制度,简称为学制,指一个国家各级各类学校的系统及其管理规则,规定着各级各类学校的性质、任务、入学条件、修业年限以及它们之间分工和衔接的关系。

现代教育制度的核心部分是学校教育制度。

2. 义务教育

义务教育是国家统一实施的所有适龄儿童、少年必须接受的教育,是国家必须予以保障的公益性事业。义务教育是面向全体适龄儿童、少年的基本公共服务,提供基本均衡的义务教育是政府的法律责任,每一个适龄儿童、少年都应该享有接受质量合格的义务教育的平等机会。

义务教育具有强制性、免费性、普及性和世俗性的基本特点。

3. 学制

学制即学校教育制度,是国家根据教育方针、政策,对各级各类学校的任务、学习年限、入学条件等所作的规定。

(1)它是教育制度的主体,是现代教育制度的核心内容。有时专指各级各类学校的学习年限。

(2)当今世界有三种学制,分别是:单轨制学制、双轨制学制和分支型学制。

（3）我国采用的是分支型学制，保障了我国基础教育阶段的公平性。

（4）学制要素包括学校类型、学校级别和学校结构。

4. 终身教育

终身教育是保罗·朗格朗在 20 世纪 60 年代提出的，是指人在一生各阶段中所受各种教育的总和，是人所受不同类型教育的统一综合。终身教育包括教育体系的各个阶段和各种方式，既有学校教育，又有社会教育；既有正规教育，也有非正规教育。

5. 双轨学制

双轨制一轨自上而下，其结构是大学、中学、家庭教育，主要为贵族阶层的子弟准备，满足贵族子弟接受高等教育的需要。

另一轨自下而上，其结构是小学及其后的职业学校，面向的对象主要是贫民阶层的子弟，他们没有接受高等教育的机会。

这两轨既不相通，也不相接，体现出鲜明的等级制度。

6. 单轨学制

单轨学制最早产生于美国，其特点是一个系列、多种分段，即六三三、五三四、四四四、八四、六六等多种分段。它有利于维护教育的平等和民主；有利于教育的逐级普及；有利于现代生产和现代科技的发展。

7. 分支型学制

分支型学制的前段是单轨，即小学、初中阶段是单轨，后段分叉，介于双轨学制和单轨学制之间。分支型学制中，中学的优点是上通高等学校，下达初等学校，左为中等专业学校，右为中等职业技术学校。

我国一度仿照苏联，采用分支型学制。

二、论述题

1. 简述学校教育制度确立的依据。
2. 论述我国现行教育制度的改革。

》》》论述题参考答案

1. 简述学校教育制度确立的依据。

学制确立的依据可以从社会层面和人的层面进行考虑。

（1）在社会层面，学制的确立，受社会的经济、政治和文化等因素的制约。第一，经济的发展为学制提供了一定的物质基础和相应的客观需要；第二，政治制度决定着谁能接受教育，谁不能接受教育，直接制约着不同社会背景下的学生接受教育的类型、程度和方式；第三，教育活动是在一定的文化观念影响下进行的，不同的文化特性必然会影响教育的特性和教育制度。当然，在学制确立的过程中，还要考虑人口状况，同时注意吸收原有学制中的有用成分，借鉴国外学制的有益经验。

（2）在人的层面，学制的确立，除了考虑社会的经济、政治和文化等因素外，还要依据人的身心发展规律。人的身心发展规律制约着学制纵向学段的划分及其培养目标的确定。

2. 论述我国现行教育制度的改革。

教育制度是指一个国家各级各类实施教育的机构体系及其组织运行的规则，包括相互联系的两个基本方面：① 各级各类教育机构与组织；② 教育机构和组织赖以存在和运行的规则，如各种相关的教育法律、规则、条例等。根据教育改革的实际情况，现行学制还需要继续改革，以适应社会发展对教育质量不断提高的要求。现代学校教育制度改革的基本任务包括：

（1）义务教育年限的延长。

义务教育是国家统一实施的所有适龄儿童、少年必须接受的教育，是国家必须予以保障的公益性事业。入学年龄提前，义务教育年限延长，以立法形式推行义务教育是义务教育发展的三大趋势。

（2）普通教育与职业教育的综合化。

第二次世界大战以后，各国逐渐重视普通教育与职业教育的综合化，呈现出普通教育职业化和职业教育普通化的趋势。

（3）非正规教育的复兴及其对正规教育的影响。

随着教育制度不断变化发展，正规教育越来越呈现出划一化、一律化等问题，难以适应现代社会的需要。非正规教育的发展和复兴，打破了正规教育对教育系统的垄断，成为正规教育的重要补充。

（4）高中的多样化、特色发展及其与大学的衔接。

为了适应青少年升学与就业的方向选择以及满足社会的需要，高中阶段的学制应该多样化，设置不同类型的学校供学生选择。同时，还应促进办学体制多样化，鼓励普通高中办出特色，加强高中和大学之间的多样化衔接。

（5）高等教育的大众化。

高等教育大众化是美国学者提出的衡量高等教育发展阶段和水平的一个概念。我国现行教育制度的改革必须在高等教育普及化阶段的基础上，根据教育发展的实际情况，进一步普及高等教育，提高国民素质。

（6）终身教育体系的建构。

我国现行教育制度的改革必须加快建设终身教育体系，完善国民教育制度，促进全体人民学有所教、学有所成、学有所用。

第六章 课程

一、重要名词及选择题考点

1. 课程目标

课程目标是指课程本身要实现的具体目标和意图。它规定了某一教育阶段的学生通过课程学习以后，在发展品德、智力、体质等方面期望实现的程度，它是确定课程内容、教学目标和教学方法的基础。

课程目标制定的依据为：学生因素、社会因素、知识因素、学科专业的建议。其直接依据来自教育目的和学校的培养目标。

2. 课程

课程是由一定的育人目标、特定的知识经验和预期的学习活动方式构成的一种动态的教育存在。

课程是实现学校教育目标的基本保证，是学校一切教学活动的中介，是实现教育目的、培养全面发展的人才的保证。① 以科学逻辑组织。② 是社会选择和社会意志的体现。③ 既定的、先验的、静态的。④ 外在于学习者，并且凌驾于学习者之上。

3. 学科课程

学科课程是指根据学校培养目标和科学发展，分门别类地从各门学科中选择适合学生发展水平和符合学生年龄的间接知识所构成的教学科目。

学科课程具有明确的目的和目标，其知识是科学系统的，易于教师循序渐进地对学生进行教学。但同时分化各学科之间的距离，缺少学科之间的融合，易导致学生学习的知识与生活经验相脱离，学生可能只会死读书，读死书，读书死。

4. 课程方案

课程方案也称教学计划，是指教育机构或学校为了实现教育目的而制定的有关课程设置的文件。

普通小学与中学的课程方案是指在国家教育目的与方针的指导下，为实现各级基础教育的目标，由国家教育主管部门制定的有关课程设置、顺序、学时分配及课程管理等方面的政策性文件。

5. 课程标准

课程标准又称学科课程标准，是国家制定的有关基础教育课程的基本规范和质量要求，是课程计划中每门学科以纲要的形式编定的、有关学科教学内容的指导性文件。

课程标准规定着学科的教学目的和任务，知识的范围、深度和结构，教学进度及有关教学法的基本要求，是教师课程教学的重要参考。

6. 核心课程

核心课程也叫作"问题课程"，是以问题为核心，将几门学科知识综合起来，由一个教师或教师小组连续教学的课程。它围绕一个社会问题将各门学科知识综合起来，以培养学生的社会责任感，认识和改造社会。

在形式上，核心课程通常采取由近及远、由内向外、逐步扩展的顺序呈现课程内容。核心课程要求围绕一个核心组织教学内容和教学活动。

社会问题课程是核心课程的重要表现形式，即以当代社会问题为中心组织的课程，它主要针对某个社会问题，从不同的学科角度组织教学内容。

这种课程既可以避免学科本身距离生活过于遥远，又可以避免单凭儿童的兴趣和动机来组织课程，以致酿成概念模糊和体系混乱的后果。

二、论述题

1. 简述校本课程、隐性课程、综合课程及活动课程的含义。
2. 简述泰勒原理的主要内容。
3. 基础教育课程改革的主要目标有哪些？

4. 什么是课程内容？课程内容的组织应处理好哪些逻辑组织形式的关系？

5. 简述布卢姆认知领域教育目标分类学的内容。

》》》论述题参考答案

1. 简述校本课程、隐性课程、综合课程及活动课程的含义。

（1）校本课程，是以学校为课程编制主体，自主开发和实施的一种课程，是相对于国家课程和地方课程而言的。从校本课程的形式看，它分为筛选已有课程、改编已有课程、开发全新课程；从学校教师参与校本课程的形式看，分为个别教师参与的校本课程、部分教师参与的校本课程、全体教师参与的校本课程。

（2）隐性课程，又称非正式课程、非官方课程、潜在课程、隐蔽课程、无形课程、自发课程等，是不在课程计划中反映的，不通过学校的常规教学活动进行的，对学生的知识、认知、情感、态度、价值观、行为等的影响是潜移默化的，或促进或干扰教育目的的实现。其特点是：隐蔽性、潜在性、广泛性、非预期性、模糊性、非系统性。

（3）综合课程，又称"广域课程""统合课程""合成课程"，其根本目的是克服学科课程分科过细的特点。它采取合并相关学科的办法，减少教学科目，把几门学科的教学内容组合在一门综合课程之中。

（4）活动课程，又称"经验课程""儿童中心课程"，是以学生主体活动经验为中心的课程，其主导价值是使学生通过直接经验的方式获得关于现实世界的认识和体验。与学科课程相对，活动课程打破学科逻辑组织的界限，以学生的兴趣、需要为基础，通过学生自己组织的学习活动而实施，具有生活性、实用性、开放性、经验性的特点。代表人物是杜威。

2. 简述泰勒原理的主要内容。

1949年，美国教育家、被誉为"现代课程理论之父"的泰勒出版了享有"现代课程理论的奠基石"之称的著作《课程与教学的基本原理》。

（1）泰勒认为课程原理主要围绕四个基本问题组成和运作。

① 确定目标：学校应该达到哪些教育目标？

② 选择经验：提供哪些教育经验才能实现这些目标？

③ 组织经验：怎样才能有效地组织这些教育经验？

④ 评价结果：怎样才能确定这些目标正在得到实现？

其中，确定目标是最关键的一步，其他步骤都要依据和围绕目标的确定展开和落实。

（2）要对教育目标的选择做出明智的判断，必须有来自三个方面的信息：对学生的研究、对当代社会生活的研究、学科专家的建议。

（3）泰勒的课程原理被称为"目标模式"，对课程理论的发展产生了重大影响，至今仍在西方课程领域中占有主要的地位。

3. 基础教育课程改革的主要目标有哪些？

（1）课程目标：由注重知识传授向获得基础知识和基本技能转变。

（2）课程结构：由学科本位向一贯综合课程转变。

（3）课程内容：由"难、繁、偏、旧"向注重兴趣和经验转变。

（4）课程实施：由死记硬背、机械训练向合作学习转变。

（5）课程评价：由甄别和选拔向改进和导向转变。

（6）课程管理：由过于集中向国家、地方、学校三级课程管理转变。

4. 什么是课程内容？课程内容的组织应处理好哪些逻辑组织形式的关系？

课程内容包括课程计划、课程标准、教材。课程内容的设计是课程设计的核心。一般来说，课程内容是以课程目标为根据的，但课程内容的设计有其内在的逻辑，特别是在内容的组织方面，存在不同的要求。

课程内容采取何种逻辑形式进行编排和组织，直接影响课程内容结构的性质和形式，制约着课程实施中的学习活动方式。20世纪40年代，泰勒就提出了课程内容编排与组织的三条逻辑规则，即连续性、顺序性、整合性。课程内容组织除这些逻辑规定外，还应处理好以下逻辑组织形式的关系。

（1）直线式与螺旋式。

直线式是指把课程内容组织成一条在逻辑上前后联系的"直线"，前后内容基本不重复，即课程内容直线式前进，前面安排过的内容后面不再呈现。

螺旋式是指在不同单元、不同阶段、不同课程门类中，使课程内容重复出现，逐渐扩大知识面，加深知识难度，即同一课程内容前后重复出现，前面呈现的内容是后面内容的基础，后面内容是对前面内容的不断扩展和加深，层层递进。

直线式和螺旋式是课程内容组织的两种基本逻辑方式，它们各有利弊，分别适用于不同性质的学科、不同年级的学生。对理论性较强，学生不易理解和掌握的内容，尤其是对低年级的学生来说，螺旋式较适合；对一些理论性较低的学科知识、操作性较强的内容，直线式更加适合。

（2）纵向组织与横向组织。

纵向组织，是指按照知识的逻辑序列，从已知到未知、从具体到抽象等先后顺序组织编排课程内容。这是从学习理论的角度提出的一种组织形式。

横向组织，是指打破学科的知识界限和传统的知识体系，以学生发展阶段需要探索的社会问题和个人最关心的问题为依据，组织课程内容，构成一个相对独立的内容专题。这是发展心理学从人的成长过程的角度提出的。从心理发展的角度看，学生生理的、社会的、理智的、情感的发展，都是按照一定顺序由内部加以调节的。因此，课程内容应该考虑学生发展的阶段性需求，从综合的角度，以知识之间的横向联系组织课程内容。

纵向组织重课程内容的独立体系和知识的深度，横向组织重课程内容的综合性和知识的广度。这是两种适合于不同性质知识经验的课程内容组织形式。

（3）逻辑顺序与心理顺序。

逻辑顺序是指根据学科本身的体系和知识的内在联系组织课程内容。

心理顺序是指按照学生心理发展的特点来组织课程内容。

课程内容的组织要把逻辑顺序和心理顺序结合起来，逻辑顺序和心理顺序的统一，实质是在课程观上把学生与课程统一起来，在学生观方面，体现为把学生的"未来生活世界"与"现实生活世界"统一起来。以此为基础,在课程内容的组织上,根据学生认识发展的特征和科学知识本身的逻辑特征,编排成既区别于原有科学结构,又有别于学生的完全经验复制式的课程内容体系。

从课程内容的组织上讲,直线式与螺旋式、横向组织与纵向组织、逻辑顺序与心理顺序的相互吸收、相互匹配,是课程内容组织最基本的辩证逻辑,即使在同一门课程中,对不同性质和层次的内容来说,这些逻辑形式也是可以并存的。

5. 简述布卢姆认知领域教育目标分类学的内容。

布卢姆把教育目标分为认知、情感和动作技能三个领域。每一领域的目标由低级向高级分为若干层次,从而形成了目标的层次结构。

1956年,布卢姆把认知领域的目标分为六个大类,包括知识、领会、运用、分析、综合和评价。2001年,由布卢姆的学生安德森(Andekson)等对教育目标分类进行了修订,分为记忆、理解、应用、分析、评价和创造。

(1)记忆:包括识别和回忆,主要发生在长时记忆中。

(2)理解:能够确定口头、书面或图表中的信息所表达的意义。常用"说明、识别、描述、解释、区别、重述、归纳、比较"来表现领会层面的目标。

(3)应用:对所学习的概念、法则、原理的运用。常用"应用、论证、操作、实践、分类、举例说明、解决"来表现应用层面的目标。

(4)分析:把材料分解成其组成要素部分,从而使各概念间的相互关系更加明确,材料的组织结构更为清晰,详细阐明基础理论和基本原理。常用"分析、检查、实验、组织、对比、比较、辨别、区别"来表现分析层面的目标。

(5)评价:依据准则和标准来进行判断。常用"评价、估计、评论、鉴定、辩明、辩护、证明、预测、预言、支持"来表现评价层面的目标。

(6)创造:将要素整合为一个整体或者一个具有原创性的产品,包括生成、计划和贯彻。

第七章 教学

一、重要名词及选择题考点

1. 教学过程

教学过程是指教师有目的、有计划地引导学生能动地进行认识活动，自觉调节自己的兴趣和情感，掌握科学文化基础知识与基本技能，以促进学生德智体美劳全面发展。

（1）传统教学过程分为以下几个阶段：引起求知欲、感知教材、理解教材、巩固知识、运用知识、检查知识、技能、技巧。

（2）现在最新的教学理念是采用探究教学，其过程分为以下几个阶段：明确问题、深入探究、做出结论。

2. 教学模式

教学模式是指在一定教学思想或教学理论指导下建立起来的较为稳定的教学活动结构框架和活动程序。

（1）作为结构框架，突出了教学模式从宏观上把握教学活动整体及各要素之间内部的关系和功能；

（2）作为活动程序，突出了教学模式的有序性和可操作性。教学模式具有指向性、操作性、完整性、稳定性、灵活性等特点。

3. 形成性评价

形成性评价是在教学过程中对学生的知识掌握和能力发展的评价。目的是及时了解学生的学习情况，得到有效的反馈信息以便及时调整教学过程，其侧重点不在于学生的成绩，而在于提高教学的有效性。

常见的形成性评价有课堂提问。

4. 教学的启发性原则

教学的启发性原则是指，教师在教学中要承认学生是学习的主体，注意调动他们的学习主动性，引导他们独立思考，积极探索，生动活泼地学习，自觉地掌握科学知识和提高分析问题、解决问题的能力。

贯彻该原则的要求包括：① 树立正确的学生观。② 充分调动学生学习的积极性和主动性。③ 创设问题情境。④ 发扬民主教学。

5. 教学组织形式

教学组织形式简称"教学形式"，是指为完成特定的教学任务，教师和学生按一定要求组合起来进行活动的结构。

（1）教学组织形式不是固定不变的。随着社会政治经济和科学文化的发展及其对培养人才要求的不断提高，教学组织形式也不断发展和改进。

（2）在教学史上先后出现的影响较大的教学组织形式有个别教学制、班级授课制、分组教学制、道尔顿制和文纳特卡制等。

6. 教学设计

教学设计是根据课程标准的要求和教学对象的特点，将教学诸要素有序安排，确定合适的教学方案的设想和计划。

（1）一般包括教学目标、教学重难点、教学方法、教学步骤与时间分配等环节。

（2）教学设计是为了提高教学效率和教学质量，使学生在单位时间内能够学到更多的知识，更大幅度地提高学生各方面的能力，从而使其获得良好的发展。

7. 因材施教原则

因材施教是教学中一项重要的教学方法和教学原则。

（1）在教学中根据不同学生的认知水平、学习能力以及自身素质，教师选择适合每个学生特点的学习方法来有针对性地教学，发挥学生的长处，弥补学生的不足，激发学生学习的兴趣，树立学生学习的信心，从而促进学生全面发展。

（2）教师应遵循以下原则：针对学生特点进行有区别的教学、采取灵活多样的举措，使有才能的学生得到充分发展。

8. 教学方法

教学方法是指为完成教学任务而采用的方法，包括教师教的方法和学生学的方法。其特征主要有：目的性和双边性。

常见的教学方法有：讲授法、谈话法、读书指导法、练习法、演示法、实验法、实习作业法、讨论法、研究法。

9. 教学原则

教学原则是根据教育教学目的、反映教学规律而制定的指导教学工作的基本要求。

常见的教学原则有：启发性教学原则、科学性和思想性统一的原则、因材施教原则等。

10. 班级授课制

班级授课制是把一定数量的学生按年龄与知识程度编成固定的班级，根据周课表和作息时间表，安排教师有计划地向全班学生集体上课的教学基本组织形式。

历史上，昆体良提出了班级授课制的雏形，夸美纽斯正式提出班级授课制，从理论上对班级授课制加以总结和论证，使其基本确立。在我国，京师同文馆率先采用班级授课制。癸卯学制以法令的形式将其确定下来，并在全国范围内推广。

11. 发展性原则

发展性原则又称量力性原则，是指在教学过程中，其教学内容、教学材料、教学方法、教学进度既要适合学生现有的发展水平，又要有一定的难度，激励学生通过努力进而掌握知识。

教师在教学中应遵循以下要求：（1）了解学生的发展水平，从实际出发；（2）考虑学生发展的时代水平。

12. 问题—探究教学

问题—探究教学是指在教师引导下，学生主要通过积极参与对问题的分析、探索，主动发现或建构新知，并掌握其方法与程序，培养他们的科研能力、科学态度和品行的教学。

简言之，它是一种引导学生通过探究获得真知与个性发展的教学，亦称探究学习、发现学习。

13. 走班制

走班制又称"跑班制"，是指学科教室和教师固定，学生根据自己的能力水平和兴趣愿望选择适合自身发展的班级上课。不同的班级，其教学内容和程度要求不同，作业和考试的难度也不同。

二、论述题

1. 论述教学过程的基本环节。
2. 简述班级授课制的优点和缺点。
3. 简述教师主导和学生主动性的关系。
4. 说明智力因素和非智力因素的关系。
5. 论述教学过程中要处理的几种关系。
6. 论述教学过程中有哪些原则？

》》》论述题参考答案

1. 论述教学过程的基本环节。

教学工作的基本环节包括备课、上课、作业的布置与批改、课外辅导和学业考评。

（1）备课。

备好课是上好课的先决条件。备课有三备：备学生、备教材、备教法。

（2）上课。

提高教学质量的关键是上好课。上好一堂课的基本要求是：① 明确教学目的；② 保证教学的科学性与思想性；③ 调动学生的学习积极性；④ 解决学生的疑难；⑤ 组织好教学活动。

（3）作业的布置与批改。

第一，布置作业要有目的、有重点，有助于学生掌握基础知识，形成基本技能。第二，作业的量要适当，作业的难度要逐步增加。第三，要求学生独立完成，确有困难时可以请教师、父母做些启发、指导，或与同学交换意见。第四，教师要认真批改作业，也可在教师指导下让学生互相批改和自我批改，使他们受到更多的锻炼，进而得到提高。

（4）课外辅导。

课外辅导要做好两个方面的工作：一是做好学生的思想教育工作。二是做好对学生的辅导工作。

（5）学业考评。

学业考评是判断学生的学业是否达到教学目标的要求，以及在何种程度上达到了要求。它是教学工作的重要环节，也是教学评价的重要内容。

2. 简述班级授课制的优点和缺点。

班级授课制是把一定数量的学生按年龄和知识程度编成固定的班级，根据周课表和作息时间表，安排教师有计划地向全班学生集体上课的教学基本组织形式。历史上，昆体良提出了班级授课制的雏形，夸美纽斯正式提出班级授课制，从理论上对班级授课制加以总结和论证，使其基本确立。在我国，京师同文馆率先采用班级授课制。癸卯学制以法令的形式将之确定下来，并在全国范围内推广。

班级授课制有利于提高教学效率，有利于加速普及义务教育和发展教育事业，有利于系统地传授各科知识，发挥教师的主导作用，有利于发挥班集体的作用。

但是，此种教学组织形式不利于照顾学生的个别差异，不利于因材施教，不利于发挥学生学习的独立性和内在潜力，不利于培养学生的创造性，容易造成理论和实践的脱节。

3. 简述教师主导和学生主动性的关系。

（1）发挥教师的主导作用是保证学生主体性的必要条件。

发挥教师的主导作用是学生间接有效地学习知识、发展身心的必要条件。只有教师主导，教学的高效性才能充分发挥，才能使学生更好地完成认识主体的作用，使主体性不断提高。

（2）学生在教学过程中具有主体地位。

调动学生的学习主体性是教师有效教学的一个主要因素。只有认识到学生是学习的主体，充分发挥学生的主观能动性，才能真正发挥教育应有的功能。

（3）防止忽视教师主导作用和忽视学生主体作用的偏向。

以赫尔巴特为代表的"传统教育"和以杜威为代表的"现代教育"是这两种倾向的典型代表。在教学实践中，师生关系一直没有完全处理好，常常出现各种偏差。教师为主导、学生为主体可谓教学中师生之间的规律性联系,是各种具体的师生关系的理论的概括,任何强调一方而忽视另一方的做法都是不适当的,应予以纠正。

4. 说明智力因素和非智力因素的关系。

(1)学生的智力活动与非智力活动相互依存、相互作用。

智力活动是指认知事物、掌握知识而进行的感知、观察、思维、记忆和想象等智力因素的活动。

非智力活动是指在认知事物、掌握知识过程中诱发的好奇、欲望、兴趣、情感、意志和性格等非智力因素的活动。

在教学过程中,学生的智力活动与非智力活动同时存在,相互依存,相互作用。智力活动是非智力活动的基础,非智力活动依赖于智力活动。

(2)有效调节学生的非智力活动才能顺利进行智力活动。

在教学中,一方面通过教学改革,提升教学内容和教学过程的趣味性、启发性和吸引力,引起学生的好奇心、求知欲和学习兴趣,养成良好的非智力因素品质;另一方面,提高学生的自我教育能力,自觉地按照教学要求调控自己的非智力因素,积极进行智力活动。

(3)防止忽视智力因素或非智力因素的倾向。

5. 论述教学过程中要处理的几种关系。

(1)间接经验与直接经验的关系。

直接经验是指学生通过参与活动、探索而获得的经验。间接经验是指他人的认识成果,主要指人类在长期的认识过程中积累并整理而成的书本知识。

① 学生以学习间接经验为主要任务。

教学就是有目的地组织学生进行间接经验学习的活动。它把人类的科学文化知识加以选择与优化,引导学生循序渐进地进行学习,用最短的时间、最高的效率掌握人类创造的科学知识,以便更好地认识外部世界,适应社会发展。

② 学生学习间接经验必须以直接经验为基础。

书本知识是间接的经验,要转化为学生能理解的知识就必须以学生的直接经验为基础。

学生的直接经验是他们掌握书本知识的基础,教学中要充分利用学生已有经验，增加学生学习新知识所必需的感性认识，以便把偏于理性的书本知识和偏于感性的个人直接经验结合起来，使学生获得比较完整的知识。

③ 防止只注重间接经验学习或直接经验积累的偏向。

在处理间接经验与直接经验的关系时，要防止历史上曾出现过的两种偏向。一是在传统教育观影响下产生的只注重间接经验的传授，而不注重联系直接经验的偏向；二是在经验主义教育观影响下产生的过于重视直接经验积累，而忽视书本知识学习的偏向。这两种偏向都违背了教学的规律性，割裂了间接经验与直接经验之间的辩证关系。

（2）掌握知识与培养思想品德的关系。

① 学生思想品德的培养以知识掌握为基础。

要培养学生的思想品德，需要有一定的科学文化知识为基础。赫尔巴特提出的"教育性教学"，深刻揭示了知识教学与思想品德的培养之间的内在联系，阐明了现代教学的发展方向。教育性教学主要通过引导学生掌握知识及其蕴含的思想品德来实现。

② 激发学生对所学知识的积极情感才能培养他们的思想品德。

要使教学中传授的知识转化为学生的思想品德，不仅要引导学生深刻理解知识，而且要引起他们思想、情感深处的共鸣。在态度和价值追求上产生积极的变化，才能转变为自觉的践行。在这个问题上，切忌空洞说教或强迫。

③ 防止单纯传授知识或脱离知识教学的思想品德培养。

在教学中，要防止两种偏向。一种是单纯传授知识、忽视思想品德培养的偏向。这种观点认为，教材富有思想性，学生掌握了知识，思想品德自然得到培养，但它忽视了教材的思想性必须经过教师有意识地发掘，并将其与学生思想实际联系起来，才能在教学中彰显。另一种是脱离知识教学而进行思想品德培养的偏向。这种做法必然牵强附会，不利于学生思想品德的培养。

（3）掌握知识与提高能力的关系。

① 能力的提高与知识的掌握相互依存、互为条件。

在教学过程中，学生能力的提高依赖于其知识的掌握。因为系统的知识是能力提高的必要条件,能力的提高离不开知识的掌握。同时,学生对知识的掌握又依赖于其能力的提高,因为能力同样是掌握知识的必要条件。

② 科学地掌握知识才能有效地提高能力。

通过传授知识提高学生的能力是教学的重要任务,但并非知识教学都能有效地提高学生的能力。学生的能力,只能在掌握和运用知识的过程中得以提高。所以,在教学中,不仅要引导学生掌握知识,而且要引导学生理解知识,了解获取知识的过程与方法,创造性地运用知识解决实际问题,才能提高学生的能力。

③ 防止只抓知识教学或只重能力发展的偏向。

教学中如何处理掌握知识与提高能力的关系,形式教育论与实质教育论曾经有过长期的争论。形式教育论认为,教学的主要任务在于训练学生的思维,提高学生的能力,知识的掌握无关紧要。实质教育论则认为,教学的主要任务在于引导学生掌握知识,学生能力的提高无须特别训练。显然,这两派的主张都是片面的,割裂了掌握知识与提高能力之间的内在联系,难以达到应有的教学效果。

(4) 智力因素与非智力因素的关系。

① 学生的智力活动与非智力活动相互依存、相互作用。

智力活动是指认知事物、掌握知识而进行的感知、观察、思维、记忆和想象等智力因素的活动。非智力活动是指在认知事物、掌握知识过程中诱发的好奇、欲望、兴趣、情感、意志和性格等非智力因素的活动。在教学过程中,学生的智力活动与非智力活动同时存在,相互依存,相互作用。智力活动是非智力活动的基础,非智力活动依赖于智力活动。

② 有效调节学生的非智力活动才能顺利进行智力活动。

在教学中,一方面通过教学改革,提升教学内容和教学过程的趣味性、启发性和吸引力,引起学生的好奇心、求知欲和学习兴趣,养成良好的非智力因素品质;另一方面,提高学生的自我教育能力,自觉地按照教学要求调控自己的非智力因素,积极进行智力活动。

③ 防止忽视智力因素或非智力因素的倾向。

（5）教师主导作用与学生主体作用的关系。

① 发挥教师的主导作用是保证学生主体性的必要条件。

发挥教师的主导作用是学生间接有效地学习知识、发展身心的必要条件。只有教师主导，教学的高效性才能充分发挥，才能使学生更好地完成认识主体的作用，使主体性不断提高。

② 学生在教学过程中具有主体地位。

调动学生的学习主体性是教师有效教学的一个主要因素。只有认识到学生是学习的主体，充分发挥学生的主观能动性，才能真正发挥教育应有的功能。

③ 防止忽视教师主导作用和忽视学生主体作用的偏向。

以赫尔巴特为代表的"传统教育"和以杜威为代表的"现代教育"是这两种倾向的典型代表。在教学实践中，师生关系一直没有完全处理好，常常出现各种偏差。教师为主导、学生为主体可谓教学中师生之间的规律性联系，是各种各样具体的师生关系的理论的概括，任何强调一方而忽视另一方的做法都是不适当的，应予以纠正。

6. 论述教学过程中有哪些原则？

（1）直观性原则。

直观性原则是指在教学活动中，教师应尽量利用学生的多种感官和已有的经验，通过各种形式的感知，丰富学生的直接经验和感性认识，使学生获得生动的表象，从而比较全面、深刻地掌握知识。

直观性原则的贯彻要求是：① 正确选择直观教具和现代化教学手段。直观教具一般分为三类：实物直观；模型直观；多媒体教学。不论选用哪种直观方式，都要注意其代表性、典型性、科学性和思想性，以适合学生发展的特点，符合教学的要求。② 直观教具的演示要与语言讲解相结合。③ 重视运用语言直观。教师运用语言做生动的讲解、形象的描述、通俗的比喻，都能够起到直观的作用。④ 防止直观的不当和滥用。

（2）启发性原则。

启发性原则是指教师在教学中要激发学生的学习主体性，引导他们经过独立思考与积极探索，自觉地掌握科学知识与提高分析问题和解决问题的能力。

启发性原则的贯彻要求是：① 调动学生学习的主动性。② 善于提问激疑，启发学生独立思考，发展学生的逻辑思维能力。③ 引导学生动手解决实际问题。④ 发扬教学民主。

（3）系统性原则。

系统性原则，又称循序渐进原则，是指教师要严格按照科学知识的内在逻辑体系和学生认识能力发展的顺序进行教学，使学生系统掌握基础知识和基本技能，形成严密的逻辑思维能力。

系统性原则的贯彻要求是：① 按教材的系统性进行教学。② 抓主要矛盾，解决好教学的重点与难点。③ 由浅入深，由易到难，由简到繁。④ 将系统连贯性与灵活多样性结合起来。

（4）巩固性原则。

巩固性原则是指教师在教学中，要引导学生在理解的基础上牢固掌握基础知识和基本技能，长久保持在记忆中，根据需要再现并有效地运用。

巩固性原则的贯彻要求是：① 在理解的基础上巩固。② 重视组织各种复习。③ 在扩充、改组和运用知识中积极巩固。④ 把握巩固的度。

（5）量力性原则。

量力性原则，又称可接受性原则或发展性原则，是指教学的内容、方法和进度要适合学生已有的发展水平，既是学生能够接受的，又要有一定的难度，激励他们经过努力才能掌握，以便有效地促进学生的身心发展。

量力性原则的贯彻要求是：① 了解学生的发展水平，从实际出发进行教学。② 考虑学生认识发展的时代特点。对学生的发展水平进行估计时，要与时俱进，要考虑学生认识发展的时代特点。

（6）思想性和科学性相统一原则。

思想性与科学性相统一原则是指教学既要把现代先进的科学基础知识和基本技能传授给学生，同时又要结合知识和技能中内在的德育因素，对学生进行政治、思想和道德品质教育。

思想性与科学性相统一原则的贯彻要求是：① 确保教学的科学性。

② 发掘教材的教育性和思想性。③ 要重视补充有价值的教学资料。④ 教师要不断提高自己的专业水平和思想修养。

（7）理论联系实际原则。

理论联系实际原则是指教学要以学习基础知识为主导，运用理论分析、解释和解决实践问题，达到学懂会用、学以致用，领悟知识的价值。

理论联系实际原则的贯彻要求是：① 注重联系实际学好理论。② 重视引导学生运用知识。③ 逐步培养与形成学生综合运用知识的能力。④ 面向现实生活。

（8）因材施教原则。

因材施教原则是指在教学中，教师要面向全体学生，同时又要根据学生的个别差异，从学生的实际情况、个别差异出发，有的放矢地进行有区别的教学，使每个学生都能扬长避短，获得最佳的发展。

因材施教原则的贯彻要求是：① 针对学生的特点进行有区别的教学。② 采取灵活多样的举措使学生的才能得到充分发展。

第八章 德育

一、重要名词及选择题考点

1. 德育

德育的概念有广义和狭义之分。

（1）广义的德育是指教育者根据一定社会的要求和受教育者身心发展的规律，有目的、有计划、有组织地在受教育者身上培养所期望的政治素质、思想素质、道德素质、法律素质等，以促进他们成为合格的社会成员的过程。它包括政治教育、思想教育、道德教育、法治教育。

（2）狭义的德育专指道德教育，即教育者根据一定历史时期社会的道德要求和个体的品德心理发展规律，有目的、有计划、有组织地在受教育者身上培养所期望的道德素质，使他们具有正确的道德观念、丰富的道德情感、坚强的道德意志、热切的道德观念和较高的道德实践能力，不断提升他们的道德境界的过程。简言之，德育就是教师有目的地培养学生品德的过程。

2. 德育过程

（1）德育过程是教育者根据一定社会的要求及受教育者思想品德形成规律，对受教育者有目的地施加影响，通过受教育者能动的认识、体验和实践，从而使其养成教育者所期望的思想品德的教育活动过程。

（2）德育过程有如下特点：是培养知情意行的过程；是教育和自我教育的过程；是组织实践活动多方面施加影响的过程；是长期的反复的过程。

3. 道德认知发展模式

皮亚杰主要研究了4~12岁儿童的道德观念，他用对偶故事的观察实验进行研究，揭示了儿童道德认知发展的总规律，即儿童道德的发展经历了他律到自律的转化过程。

在皮亚杰的道德发展阶段理论的基础上，科尔伯格通过道德两难故事法研究道德发展问题，开创性地提出了著名的三种水平六个阶段的道德发展阶段理论。

4. 体谅模式

体谅模式与道德认知发展模式强调道德认知发展不同，它把道德情感的培养置于中心地位，代表人物为麦克菲尔。

5. 价值澄清模式

价值澄清模式是针对美国儿童在多元社会中面对多种价值观的选择而提出的理论，代表人物主要有拉思斯、哈明、西蒙、鲍姆等。

价值澄清模式的七个步骤：第一阶段：选择阶段。① 完全自由地选择。② 在尽可能广泛的范围内再进行自由选择。③ 对每一种选择的可能后果进行审慎思考后做出选择。第二阶段：赞赏阶段：④ 做出喜欢的选择并对选择感到满意。⑤ 乐于向别人公布自己的选择。第三阶段：行动阶段：⑥ 根据做出的选择行事。⑦ 作为一种生活方式不断重复。

二、论述题

1. 论述德育过程具有哪些特点。
2. 论述主要的德育原则。
3. 结合具体实例，列举学校德育工作的育人途径。

论述题参考答案

1. 论述德育过程具有哪些特点。

（1）德育过程是在教师引导下，学生能动的道德活动过程。

儿童的道德思想和道德行为不是与生俱来的，而是在社会活动特别是德育活动中逐步发展起来的。

① 道德活动是外部道德要求转化为学生内在品德的基础。

② 品德的发展是在学生与外部世界的相互作用中能动地实现的。

③ 教师要善于引导学生的道德活动。

（2）德育过程是促进学生知情意行相统一的过程。

德育过程是培养学生品德的过程。学生的品德包含了道德认知、道德情感、道德意志和道德行为四个要素，所以德育过程是促进学生知情意行相统一的过程。

① 注重全面性，促进知情意行的和谐发展。
② 注重多开端性，具体问题具体分析。
③ 注重针对性，对知情意行采取不同的方式方法。

（3）德育过程是提高学生自我教育能力的过程。

德育过程中，既要从实际出发，因势利导，有计划地培养与提高学生的自我认识、自我期望、自我评价、自我调控、自我反思能力，以形成和发展他们的自我教育能力。还要采取恰当有效的措施，调动学生的积极性，充分发挥学生的自我教育能力在自身品德形成中的能动作用。

（4）德育过程是促进学生品德发展矛盾积极转化的过程。

德育工作最基本的矛盾是社会通过教师向学生提出的道德要求与学生已有的品德水平之间的矛盾。这个矛盾的解决，需要通过向学生传授一定的社会思想和道德规范，引导他们进行道德实践，把他们从原有的品德水平提高到教师所要求的新的品德水平上来。

2. 论述主要的德育原则。

德育原则主要如下：

（1）集体教育与个别教育相结合。

集体教育与个别教育相结合原则，是指在德育过程中，教师要依靠集体、通过集体去教育学生个人，同时要注意对学生进行个别教育，进而影响集体。把教育集体和教育个人辩证统一起来。

集体教育与个别教育相结合原则的贯彻要求是：① 培养班集体；② 引导学生关心、热爱集体，重视培养学生集体；③ 通过集体教育学生个人，通过学生个人转变影响集体；④ 调动每个学生的积极性，针对学生的不同情况进行个别指导，促使其个性在集体中得到充分发展，并初步培养他们自我教育的能力。

（2）知行统一。

知行统一原则又称理论联系实际原则，是指在德育过程中，教师要以学生的现实生活为基点,联系学生生活,引导学生把思想政治观念和社会道德规范的学习同参与实际生活的实践结合起来,提高道德思想境界与养成道德行为习惯结合起来,以达到言行一致。

知行统一原则的贯彻要求是:① 对学生进行马克思主义理论、毛泽东思想和中国特色社会主义理论体系以及社会主义道德规范的系统教育,切实提高学生的思想觉悟;② 要有计划地组织学生参加各种社会实践活动,培养良好的道德行为;③ 教师应把言传和身教结合起来,言行一致地给学生做出表率。

(3) 正面引导与纪律约束相结合。

正面引导与纪律约束相结合又称疏导原则、循循善诱原则,是指在德育过程中,教师要以事实、道理、榜样等进行启发诱导,同时制定必要的规章制度对学生进行约束。

正面引导与纪律约束相结合的贯彻要求是:① 讲明道理、疏通思想;② 因势利导、循循善诱;③ 以表扬、激励为主,坚持正面教育,选择适当的时机,以达到教育的目的。

(4) 发挥积极因素与克服消极因素相结合。

发挥积极因素与克服消极因素相结合原则又称长善救失原则,是指在德育过程中,教师要调动学生自我教育的积极性,依靠和发扬他们自身的积极因素,克服他们品德上的消极因素,实现品德发展内部矛盾的积极转化,促进学生的道德成长。

发挥积极因素与克服消极因素相结合原则的贯彻要求是:①"一分为二"地看待学生;② 发扬积极因素、克服消极因素;③ 长善救失,通过发扬优点来克服缺点;④ 引导学生自觉评价自己,进行自我教育。

(5) 严格要求与尊重信任相结合。

严格要求与尊重信任相结合原则是指,在德育过程中,教师要把对学生的思想和行为的严格要求与对他们个人的尊重和信赖结合起来,使教师对学生的影响与要求易于转化为学生的品德。

严格要求与尊重信任相结合原则的贯彻要求是:① 爱护、尊重和信赖学生;② 严格要求学生;③ 教育者的要求要合理、明确、具体、力所能及,不能苛刻,不能过高。

（6）照顾年龄特点与照顾个别特点相结合。

照顾年龄特点与照顾个别特点相结合原则又称因材施教原则，是指在德育过程中，要从学生品德发展的实际出发，根据他们的年龄特征和个性差异进行不同的道德教育，使每个学生的品德都能得到最大程度的发展。

照顾年龄特点与照顾个别特点相结合原则的贯彻要求是：① 深入了解学生的个性特点和内心世界；② 根据学生个人特点有的放矢地进行道德教育；③ 根据学生的年龄特征有计划地进行道德教育。

（7）教育影响的一致性和连续性原则。

教育影响的一致性与连续性原则是指，进行德育应当有目的、有计划地把来自各方面对学生的教育影响加以组织、整合,使其相互配合、协调一致、前后连贯地发挥作用，以保障学生的品德能按德育目的的要求发展。

贯彻这一原则的基本要求是：① 组建教师集体，使校内的教育影响一致；② 发挥学校教育的主导作用，使学校、家庭和社会对学生的教育影响互相配合、相互支持；③ 做好衔接工作，使对学生的教育影响保持一致、连续。

3. 结合具体实例，列举学校德育工作的育人途径。

（1）课程育人。

严格落实德育课程。上好道德与法治、思想政治课，落实课时，不得减少课时或挪作他用。

发挥其他课程德育功能。比如，语文、历史、地理等课要利用课程中语言文字、传统文化、历史地理常识等丰富的思想道德教育因素，潜移默化地对学生进行世界观、人生观和价值观的引导。

（2）文化育人。

要依据学校办学理念，结合文明校园创建活动，因地制宜地开展校园文化建设，使校园秩序良好、环境优美、文化积极向上、格调高雅，让校园处处成为育人场所。

比如，学校校园建筑、设施、布置、景色要安全健康、温馨舒适，使校园一草一木、一砖一石都体现教育的引导和熏陶。

（3）活动育人。

要精心设计、组织开展主题明确、内容丰富、形式多样、吸引力强的教育活动，以鲜明正确的价值导向引导学生，以积极向上的力量激励学生，促进学生形成良好的思想品德和行为习惯。比如，开展节日、纪念日活动。

（4）实践育人。

要与综合实践活动课紧密结合，广泛开展社会实践，每学年至少安排一周时间，开展有益于学生身心发展的实践活动，不断增强学生的社会责任感、创新精神和实践能力。

比如，在学校日常运行中渗透劳动教育，积极组织学生参与校园卫生保洁、绿化美化，普及校园种植。

（5）管理育人。

要积极推进学校治理现代化，提升学校的管理水平，将中小学德育工作的要求贯穿于学校管理制度的每一个细节之中。

比如，加强师德师风建设。培育、宣传师德标兵、教学骨干和优秀班主任、德育工作者等先表型，引导教师争做"四有"好教师。

第九章 教师与学生

一、重要名词及选择题考点

1. 教师专业发展

教师专业发展是指教师作为专业人员,在专业理想、专业知识、专业能力等方面不断发展和完善的过程,即从新手型教师到专家型教师的过程。

2. 非正式群体

非正式群体,是指学生自发形成或组织起来的群体。包括因兴趣和爱好相同、感情融洽的同学或老乡等而形成的学生群体。非正式群体具有正式群体不能代替的作用,兼具积极和消极两种作用。

(1)积极作用:能够满足学生人际交往的多方面需要。学生在群体中产生归属感,能够缓解学习、经济方面压力,有助于健康人格的形成和发展。

(2)消极作用:当非正式群体的活动目标、价值观与正式群体组织目标相抵触时,其消极作用就很明显,表现为过分热衷于小群体活动而不关心班集体,与班主任、班干部对立,使班集体的作用难以发挥,甚至可能产生反社会的行为。因此,对非正式群体的行为进行正确的教育和引导是完全必要的。

二、论述题

1. 简述教师的基本素养。
2. 简述教师劳动的特点。
3. 简述教师的权利和义务。

4. 简述构建良好师生关系的基本策略。
5. 简述学生的权利和义务。
6. 简述教师专业发展的途径有哪些。

> > > 论述题参考答案

1. 简述教师的基本素养。

教师的专业素养是教师拥有和带入教学情境的知识能力和信念的集合。具体而言，教师应具备以下三方面的素养：专业理想、专业知识与专业能力。

（1）专业理想。

专业理想指教师对于教育本质、目的、价值和生活等的理想和信念。

（2）专业知识。

教师的知识素养对于教师职能和作用的发挥、教师职业专业性的形成有着举足轻重的作用。具体而言教师专业知识主要包括以下三个方面：

学科专业知识，即学科相关的基础知识、应用知识及教学技术知识。学科专业知识是衡量教师能否胜任岗位的主要标准。

教育专业知识，即教育学科类知识，一般分为有关教育的理论知识（如儿童生理和心理发展的知识）与有关教育的实践性知识（如教育教学经验）。

通识性知识，即广泛而深厚的当代学科和人文方面的基础知识。

（3）专业能力。

教师在具备知识素养的同时，还需要具备一定的能力素养。具体而言，教师的专业能力包括教学设计、表达能力、组织管理能力、教育教学交往能力、教育教学机智、反思能力、教育教学研究能力、创新能力。

2. 简述教师劳动的特点。

（1）示范性。

示范性是教师劳动最突出的特点。这是由教育活动的本质特点所决定的。教师的言谈举止、气质特点、人品道德都具有示范的特点。

（2）复杂性。

教育过程本来就是一个复杂的活动过程。这主要体现在以下几个方面：教师劳动对象复杂；劳动任务复杂；劳动手段复杂；劳动过程复杂。

（3）创造性。

劳动性质和劳动对象的特殊性决定了教师劳动的创造性。这种创造性主要表现在三方面：对学生进行因材施教；教学内容的处理和教学方法的选择；高水平的教育机智。

（4）合作性。

教师的劳动具有连续性、依赖性和前后的一致性，这需要教师之间在劳动中密切合作。换言之，教师之间通过合作形成的教育合力才是完成教育目标的关键。

（5）长期性和长效性。

教师对学生的影响不是短时间内完成的，而是一个长期、动态的过程。另一方面，教育具有长效性。教师对学生的影响并不是一时的，而是具有长效性。

3. 简述教师的权利和义务。

教师首先是社会公民，享有公民所应有的基本权利，如政治权利、人身自由、获得救济的权利以及公民的平等权利等。然后，教师才是一名专业人员，在教育岗位上享有教师的专业权利。这种专业权利属于非基本权利，如教育教学自主权、学术自由权、获取报酬权等。

（1）教育教学自主权。

教师享有"进行教育教学活动，开展教育教学改革和实验"的权利，这是教师最基本的权利。

（2）学术自由权。

教师享有"从事科学研究、学术交流、参加专业的学术团体、在学术活动中充分发表意见"的权利，这是教师作为专业人员的一项基本权利。

（3）指导评价权。

教师有"指导学生的学习和发展，评定学生的品行和学业成绩"的权利，这项权利体现了教师在教育教学活动中的主导地位。

（4）报酬待遇休假权。

教师有按时获取工资报酬，享受国家规定的福利待遇以及寒暑假期的带薪休假的权利。

（5）参与民主管理权。

教师有"对学校教育学、管理工作和教育行政部门的工作提出意见和建议，通过教职工代表大会或者其他形式，参与学校的民主管理"的权利。

（6）参与进修培训权。

教师有"参加进修或者其他方式的培训"的权利。这项权利为教师提供了专业发展的途径，对提高教育教学质量也具有十分重要的意义。

除了上述六项权利之外，教师还享有其他权利，如申诉权、人身人格权等。

教师作为公民，承担维护国家统一和民族团结、遵纪守法、遵守社会公德、维护国家安全、荣誉、利益、保卫祖国的义务、依法纳税的义务。除此之外，《中华人民共和国教师法》的第八条规定，教师应当履行下列义务：

（1）遵守宪法、法律和职业道德，为人师表；

（2）贯彻国家的教育方针，遵守规章制度，执行学校的教学计划，履行教师聘约，完成教育教学工作任务；

（3）对学生进行宪法所确定的基本原则的教育和爱国主义、民族团结的教育，法制教育以及思想品德、文化、科学技术教育，组织、带领学生开展有益的社会活动；

（4）关心、爱护全体学生，尊重学生人格，促进学生在品德、智力、体质等方面全面发展；

（5）制止有害于学生的行为或者其他侵犯学生合法权益的行为，批评和抵制有害于学生健康成长的现象；

（6）不断提高思想政治觉悟和教育教学业务水平。

4. 简述构建良好师生关系的基本策略。

（1）了解和研究学生，树立新型师生观。

在教育活动中，学生既是教育对象，又是学习的主体。因此，教师要发挥自身的引导作用，调动学生的积极性、主动性和创造性。

（2）公平对待学生，树立教师威信。

公平对待学生，树立教师威信，对于建立良好师生关系具有重要意义。

（3）主动与学生沟通，善于与学生交往。

在师生交往的过程中，教师要注意引导，以增进师生之间的感情联系，密切师生关系。

（4）努力提高自我修养，发扬教育民主。

在民主的氛围中，学生才感到宽松、坦然，才能充分发挥自主性、能动性和创造性。教师要善于引导学生相互尊重、相互理解、相互学习、相互支持。

5. 简述学生的权利和义务。

（1）学生的权利。

1959年，联合国大会通过了《儿童权利宣言》，这是人类历史上第一次正式以国际组织的形式对儿童权利进行肯定。1989年，联合国第44届大会通过了《儿童权利公约》，这是国际社会第一个肯定儿童权利的法律文件，提出了儿童权利保护的四大基本原则，即儿童利益最佳原则、尊重儿童尊严原则、尊重儿童观点和意见原则、无歧视原则。

学生的权利可分为与学习活动直接相关的权利和与学习活动间接相关的权利。

①与学习活动直接相关的权利。

A. 上课及参加课外活动的权利：学生享有"参加教育教学计划安排的各种活动，使用教育教学设施、设备、图书资料"的权利。

B. 获得物质帮助权：学生享有"按照国家有关规定获得奖学金、贷学金、助学金"的权利。

C. 获得公正评价和学业证书的权利：学生享有"在学业成绩和品行上获得公正评价，完成规定的学业后获得相应的学业证书、学位证书"的权利。

D. 表达个人意愿的权利：学生享有"对学校给予的处分不服向有关部门提出申诉，对学校、教师侵犯其人身权、财产权等合法权益，提出申诉或者依法提起诉讼"的权利。

② 与学习活动间接相关的权利。

人身自由的权利、人格尊严的权利、生命健康的权利、隐私的权利等。

（2）学生的义务。

根据是否与学习活动直接相关这个标准，学生的义务可分为与学习活动直接相关的义务和与学习活动间接相关的义务。

① 与学习活动直接相关的义务。

A. 上课及参加课外活动的义务。

B. 遵守学校的作息制度和学习纪律的义务。

C. 完成规定学习任务的义务。

D. 遵守中小学生守则和日常行为规范的义务。

② 与学习活动间接相关的义务。

遵守国家法律、法规的义务，尊重同学和尊敬师长的义务，爱护学校财产的义务。

6. 简述教师专业发展的途径有哪些。

（1）职前培养。

第一，完善教师教育的培养体系。首先，不断加强教师教育的一体化，将职前、入职与职后教育统一起来，建立一个内部各阶段相互衔接、相互支撑和补充的教师教育体系，从整体上提高师资培养与培训的质量；其次，优化课程设置是建设重点，教师教育课程是教师专业化的重要保证，要把教师教育课程的改革作为教师教育改革的重中之重；最后，建立开放的教师教育体系。打破原有的由师范院校培养教师的单一模式，从封闭走向开放，使"定向型"与"开放型"教师培养模式并存。

第二，加强教师资格制度的建设。从国家实行教师资格、职务、聘任制度到《教师资格条例》与《教师资格条例实施办法》的颁布，再到《中小学教师资格考试暂行办法》的公布，标志着我国教师资格制度已开始完善。2013年颁布的《中小学教师资格定期注册暂行办法》规定：中小学教师资格实行5年一周期的定期注册，注册条件以师德表现、年度考核和培训情况为主要依据。

（2）入职教育。

一是重视新教师群体，加强新教师的辅导工作。二是入职教育的课程内容综合化。课程内容的设置要关注教师综合素质的提升，加强必要的心理辅导、人际沟通、科研指导等。三是优化教育手段。给新教师相对多的时间和机会参与课堂教学实例观摩、评课、教研等活动。

（3）在职成长。

一是教师专业发展学校。教师专业发展学校是大学与当地中小学建立合作伙伴关系，将教师职前培养、在职进修和学校改革合为一体的学校形式。其目的是达到大学与中小学共同发展，参与合作的中小学为专业发展学校。专业发展学校打破了中小学与大学之间的隔阂，以合作为核心，满足了中小学与大学在课程改革、在职培训、共享信息、共同变革及改善教学等方面的合作需要。

二是校本培训。校本培训有利于促进大学与中小学的密切联系，它具有以下特点：培训主体是中小学；培训理念强调以本校全体教师的专业发展为本；培训内容以学校和教师发展中迫切需要解决的实际问题为中心；培训方式贴近本校教育现场，多采用经验交流、问题研讨、现场诊断、案例评析、课堂教学展示等方法，强调个体自主研究与小组研讨结合，实行师带徒制。

三是教师教育网络联盟。教师教育网络联盟是在政府教育行政部门的推动下，由举办教师教育的高校和其他提供相应支持与服务的企事业单位自愿组织起来的、共同提供优质教师教育资源的联合体。教师可根据自身需要便捷享有这些资源，突破了时间和空间的限制，是教师专业发展的便捷途径。

中国教育史

第一章 西周官学制度的建立与"六艺"教育的形成

重要名词及选择题考点

1. 西周六艺教育

六艺教育即以"六艺"为基本教育内容的教育。六艺教育起源于夏代,商代有所发展,西周在继承基础上,发展更为丰富,是西周教育的特征和标志。六艺即礼、乐、射、御、书、数。

(1) 礼乐是六艺教育的核心,礼乐密切配合,"乐所以修内,礼所以修外"。礼的内容很广,凡政治、伦理、道德、礼仪皆属于礼,社会各个方面都不能没有礼。乐教是当时的艺术教育,包括诗歌、音乐、舞蹈,具有多方面教育功能。

(2) 射指射箭的技术训练,御指驾驭马拉战车的技术训练。

(3) 书指的是文字,数指的是算法。书和数是文化基础的知识技能,作为小艺,安排在小学学习。大学比小学的程度高,学习礼、乐、射、御。

六艺教育文武兼备,智能兼求。它既重视思想道德,也重视文化知识;既重视传统文化,也注意实用技能;既重文事,也重武备;既符合礼仪规范,也要求内心情感修养。

2. 西周学在官府

奴隶主贵族建立国家机构,设官分职,为了管理的需要,制定法纪规章,汇集成专书,由当官者掌握。这种现象在历史上称为"学术官守",并由此造成学在官府、官师合一、政教合一。

造成学在官府的客观原因是:"惟官有书,而民无书;惟官有器,而民无器;惟官有学,而民无学"。

3. 西周大学与小学

(1) 大学有不同的名称——"天子曰辟雍,诸侯曰泮宫"。

（2）辟雍是教射的地方，北边的堂室为上庠，是教书的地方，由诏书者主持；南边的堂室是成均，教乐的地方，由大司乐主持；西边的堂室是瞽宗，教礼仪的地方，由礼官主持；东边的堂室是东序，教干戈羽籥（一种武舞）的地方，由乐师主持。

（3）大学学大艺、履大节，以礼乐为重，射御次之。

（4）小学注重德行教育，即德、行、艺、仪几方面，实际上是关于奴隶主贵族道德行为准则和社会生活知识技能的基本训练。

4. 西周国学与乡学

（1）设在王都的大学与小学，总称为国学。

（2）设在王都郊外六乡行政区中的地方学校，总称为乡学。

5. 西周家庭教育

（1）教育内容注重基本生活技能和习惯的教育。教授初级的数的观念、方位观念和时间观念。

（2）道德教育注重尊敬长辈的礼节和初步的礼仪规则。

（3）教育原则注重男女有别、注重年龄阶段、明显的计划性。

第二章
私人讲学的兴起与传统教育思想的奠基

 重要名词及选择题考点

1. 素丝说
关于人性论，墨子提出了"素丝说"："染于苍则苍，染于黄则黄，所入者变，其色亦变。"人性如同待染的素丝，下什么样的染缸，就成什么颜色的丝，即什么样的环境与教育就造就什么样的人，体现了人性平等的观点。

2. 四书五经
四书五经是儒家经典著作。四书指《论语》《孟子》《大学》和《中庸》，五经指的是《诗经》《尚书》《礼记》《周易》和《春秋》。

3.《大学》
《大学》是《礼记》中的一篇，与《中庸》《论语》《孟子》合称为"四书"。

（1）《大学》着重阐明大学教育的纲领，提出了"三纲领、八条目"的主张。大学之道，在明明德，在亲民，在止于至善。

（2）《大学》提出为学过程是"格物、致知、诚意、正心、修身、齐家、治国、平天下"。

（3）"三纲领""八条目"层层推进，对后世文人起着重要的指引作用，至今仍有现实意义。

4. 八条目
"八条目"是《大学》篇所提的内容,包括"格物、致知、诚意、正心、修身、齐家、治国、平天下"。

（1）"格物、致知"：探究事物的原理，从中获得智慧，是对客观准则的体会与把握。

（2）"诚意、正心"：意必真诚而不自欺，心要端正而不存邪念，是对意识、情感、情绪的把握。

（3）"修身"：是"齐家、治国、平天下"之本，是"八条目"的中心环节。

（4）"齐家、治国、平天下"：是"修身"的扩大化，是在更高层次上的实现。

5. 稷下学宫

稷下学宫是战国时期齐国的文化圣地，是战国时期百家争鸣的中心缩影，东方文化教育和学术教育的中心体验。稷下学宫以官方操办、私家主持为办学模式，是一所集讲学、著述、育才活动为一体，兼有资政议政作用的高等学府。

其特点如下：（1）学术自由、包容百家、各派地位平等、相互包容相互争鸣、政治待遇和物质待遇优厚，可以不治而议论，充分尊重了学者的人格和主张。（2）产生了我国第一个学生守则《弟子职》。（3）显示了中国古代士人的独立性和创造精神，创造了出色的教育典范，具有重大历史意义。稷下学宫的不治而议论的特点留给后人以思考。

6. 有教无类

"有教无类"是孔子提出的办学方针，其含义是指不分贵贱、贫富和种族，人人都可以接受教育。孔子曾说："自行束脩以上，吾未尝无诲焉"，正是有教无类教育方针的体现。

7.《学记》

《学记》是我国第一本的系统论述教学思想专著。它不仅是我国古代先秦儒家教学思想的总结，而且也可以说是世界上最早系统论述教学问题的一篇专著。一般认为是战国晚期思孟学派的作品，作者为乐正克。

8. 私学

私学最大的历史特点是：自由办学、自由就学、自由讲学、自由竞争和自由游学。

私学与官学的对比如下：

（1）经济基础：官学建立在土地国有的基础上；私学建立在土地私

有的基础上。

（2）社会基础：官学的社会基础是奴隶主贵族；私学的社会基础是新兴的地主阶级。

（3）传统方面：官学的传统是"学在官府"；私学的传统是"学在四方"。

（4）政治方面：官学的特点是"政教合一"；私学的特点是拥有独立的组织机构。

（5）教育对象：官学的教育对象是贵族子弟；私学的教育对象是平民。

（6）教师方面：官学的特点是"官师合一"；私学的特点是官师分离。

（7）教育内容：官学的教育内容是"六艺"教育；私学则是百家争鸣。

9. 学而优则仕

孔子主张培养德才兼备的君子，提出了"学而优则仕"的教育目标。"学而优则仕"包含多个方面的意思：

（1）学而优可仕：通过学习，学好后，可以去做官。

（2）学而优为仕：教育最主要的政治目的是培养官员。

（3）学而优才仕：学习好才能做官，学习成绩优良是做官的重要条件。

（4）仕而优才学：国家政治清明，为了辅佐明君，努力学习后出来做官，否则宁可隐退，也不侍奉昏庸无能的朝廷。

10. 性相近，习相远

孔子认为，"性"指先天素质，"习"指后天习染，人的先天素质没有多大差别，只是由于后天教育和社会环境的影响，才造成人的发展的差别。

从"习相远"的观点出发，他认为人要发展，教育条件很重要。特别是人的早期教育很重要。

同时，人的生活环境也十分重要，孔子主张"里仁为美""就有道而正焉"。

11. 性恶论

与性善论相对，性恶论主张人性为恶，以荀子与法家为代表。

荀子提出"性恶论",但是这种恶不是绝对的性恶。他主张性伪之分、性伪之合,人的本能中不存在道德和理智,如听任本能发展,不加节制,就会产生恶。教育的作用在于化性起伪,强调"涂之人可以为禹"。

不同于荀子,法家主张绝对的性恶论,认为教育对人不起作用,只能用刑罚威慑百姓。

12. 孔子六艺

孔子的六本教材:《诗》《书》《礼》《乐》《易》《春秋》。孔子的教育内容偏重社会人事,偏重文事,轻视科技与生产劳动。

13. 孟子三乐

孟子"三乐":"父母俱存,兄弟无故,一乐也;仰不愧于天,俯不怍于人,二乐也;得天下英才而教育之,三乐也"。这是中国教育教史上第一次将"教""育"二字连用。

14. 儒墨对比

相对于儒家,墨家不重视文史教育,更注重科技教育和培养思维能力的教育。

墨家在古代逻辑学史上首先提出"类""故"的概念,提出"察类明故"的命题,要求人们懂得运用类推和求故的方法。

在教学方法上,墨家主张主动、创造、实践、量力的教学方法。就学生的知识水平而言,应该量力而教:"深其深,浅其浅,益其益,尊其尊",即面对不同的学生要根据他们自身的发展水平来进行教育。

二、论述题

1. 简述荀子的学习过程。
2. 试比较孟荀教育思想的异同。
3. 简述《中庸》的基本思想。
4. 简述孔子教育思想的历史影响。
5. 简述《学记》的教育教学原则及其含义。
6. 简述《大学》中的"三纲领""八条目"。

论述题参考答案

1. 简述荀子的学习过程。

荀子提出了"闻见知行"的学习过程,有着丰富的内涵。

(1)闻见:闻见是学习的起点、基础和知识的来源。人的学习开始于耳、目、口、形等感官对外界的接触。不同感官与不同种类的事物或事物的不同属性相接触后,就形成了不同的感觉,使进一步的学习活动成为可能。"闻见之所未至,则知不能类也。"

(2)知:知是在闻见基础上的发展。荀子认为,"知通统类,如是则可谓大儒矣",主张学习并善于运用思维的功能去把握事物的本质与规律。荀子主张,"兼陈万物而中悬衡",即认知时不偏执于某一事物和事物的某一方面,对事物做全面、广泛的比较、分析、综合,从而做到"虚壹而静",最终达到大清明的状态,即在积极活动的同时在更高水平上清醒地把握知识。

(3)行:行是最后的落脚点,是学习必不可少的也是最高的阶段。荀子主张,"君子之学也,入乎耳,箸乎心,布乎四体,形乎动静"。由学、思得到的知识还带有假设的性质,最终是否切实可靠,唯有通过行才能得到验证。荀子所说的行,同样也是指人的社会实践。

2. 试比较孟荀教育思想的异同。

孟子和荀子都是儒家学派的主要代表人物,他们的思想既有共同点,也有不同之处。

(1)相同点。

一是他们都注重教育的作用:孟子和荀子对人性有着不同的看法,但是都重视教育的作用,认为人的发展离不开教育。

二是他们都主张对儒家经典的学习:孟子和荀子都是儒家学派的代表人物。

(2)不同点:孟子和荀子的不同之处主要体现在人性论、教育作用、教育目的、教学内容、教学方法这五个方面。

① 在人性论方面,孟子主张人性本善,认为恻隐之心、羞恶之心、恭敬之心、是非之心人皆有之,认为"人皆可以为尧舜"。荀子则认为人性本恶,但不是绝对恶,主张"性伪之分"。"伪"指人为,先天人

性是恶的,但是可以通过教育促成人为,使之向善,达到"性伪之合",而教育的作用就是"化性起伪"。

② 在教育作用方面:孟子认为教育的作用在于引导人保存、找回和扩充其固有的善端;荀子则认为教育的作用是"化性起伪"。

③ 在教育目的方面:孟子认为教育是为了明人伦;荀子的教育目的在于培养大儒。

④ 在教育内容方面:孟子认为"尽信《书》,则不如无《书》";荀子则十分重视儒家经典的学习。

⑤ 在教学方法方面:孟子注重自发,强调"深造自得""盈科而进""教亦多术""专心致志";荀子则主张"闻见—知—行",强调闻见是学习的起点、基础和知识的来源,而知是在闻见基础上的发展,强调"兼陈万物而中悬衡",做到"虚壹而静",强调学习最终要体现在行上,即"君子之学也,入乎耳,箸乎心,布乎四体,形乎动静"。

3. 简述《中庸》的基本思想。

《中庸》是《礼记》中的一篇,与《大学》《论语》《孟子》合称为"四书"。《中庸》着重阐明了儒家的人生哲学与修养之道,具有丰富的内涵。

(1)性与教:《中庸》集中探讨了天性与教育的关系,提出了"天命之谓性,率性之谓道,修道之谓教"。

(2)中庸:《中庸》主张人们应保持中正的态度,以恰到好处为处事原则,杜绝过激的行为,即"喜怒哀乐之未发,谓之中;发而皆中节,谓之和"。

(3)修养之道:《中庸》提出两条途径,"自诚明,谓之性",强调"尊德性",即发掘人的内在天性,从而达到对外界的认知;"自明诚,谓之教",强调"道问学",即通过向外部世界的求知,发扬人的内在本性。

(4)为学之序:《中庸》提出"博学之,审问之,慎思之,明辨之,笃行之"的学习顺序,把学习过程具体概括为学、问、思、辨、行五个前后相继的步骤,高度概括了知识获得过程的基本环节与顺序。

4. 简述孔子教育思想的历史影响。

孔子作为儒家学派的创始人,其思想学说深刻影响着中国封建时代的政治、经济、文化,是中华民族珍贵的文化遗产,其历史影响表现在：

（1）重视教育在人和社会发展中的作用。

（2）创办较大规模的私学，开私人讲学之风，改变"学在官府"的局面。

（3）实行"有教无类"的教育方针，扩大受教育对象的范围。

（4）培养君子，提倡"学而优则仕"。

（5）重视古代文化的继承和整理，编纂《诗》《书》《礼》《乐》《易》《春秋》作为教材。

（6）总结教育实践经验，强调学、思、行相结合的教学理论，提倡启发式教学，实行因材施教。

（7）以仁为最高的道德准则，鼓励人们提高道德水平，提出道德修养应遵循的原则：立志、克己、力行、中庸、内省、改过。

（8）提出教师应具有良好的职业道德：学而不厌、诲人不倦、温故知新、以身作则、爱护学生、教学相长。

5. 简述《学记》的教育教学原则及其含义。

《学记》在教育教学的原则上，提出了七项主要的教学原则。

（1）预防性原则：主张"禁于未发之谓预"。

（2）及时施教原则：主张"当其可之谓时"。

（3）循序渐进原则：主张"不陵节而施之谓孙"。

（4）学习观摩原则：主张"相观而善之谓摩"。

（5）长善救失原则：提出"学者有四失，教者必知之。人之学也，或失则多，或失则寡，或失则易，或失则止。此四者，心之莫同也。知其心，然后能救其失也。教也者，长善而救其失者也"。

（6）启发诱导原则：提出"故君子之教，喻也。道而弗牵，强而弗抑，开而弗达。道而弗牵则和，强而弗抑则易，开而弗达则思。和易以思，可谓善喻矣"。

（7）藏息相辅原则：认为"时教必有正业，退息必有居学"。

6. 简述《大学》中的"三纲领""八条目"。

《大学》是《礼记》中的一篇，与《中庸》《论语》《孟子》合称为"四书"。

《大学》着重阐明大学教育的纲领，提出了"三纲领""八条目"的主张。

（1）三纲领："大学之道，在明明德，在亲民，在止于至善。"

①"明明德"：发扬每个人天生的善性。

②"亲民"：朱熹认为应改作"新民"，解释为推己及人，使人向善。

③"止于至善"：每个人都应在诠释不同身份时做到尽善尽美。

（2）八条目："格物、致知、诚意、正心、修身、齐家、治国、平天下"。

①"格物、致知"：探究事物的原理，从中获得智慧，是对客观准则的体会与把握。

②"诚意、正心"：意必真诚而不自欺，心要端正而不存邪念，是对意识、情感、情绪的把握。

③"修身"：是"齐家、治国、平天下"之本，是"八条目"的中心环节。

④"齐家、治国、平天下"：是"修身"的扩大化，是在更高层次上的实现。"八条目"配合"明明德、亲民、止于至善"的"三纲领"，对后世文人起着重要的指引作用，至今仍有现实意义。

第三章 儒学独尊与读经做官教育模式的形成

   重要名词及选择题考点

1. 鸿都门学

鸿都门学创设于东汉灵帝光和元年,因校址在洛阳鸿都门而得名。

(1)鸿都门学在性质上属于一种研究文学艺术的专门学校。

(2)鸿都门学是统治阶级内部斗争的产物,即宦官派为了培养拥护自己的知识分子而与士族势力占据地盘的太学相抗衡的产物。

2. 太学

太学是汉代的中央官学。元朔五年(公元前124年),汉武帝采纳董仲舒的建议,为博士置弟子,标志着太学的正式成立,也标志着以经学教育为基本内容的中国封建教育制度的正式确立。

(1)教师与学生:太学的正式教师是博士,两汉对太学生的称谓有"博士弟子""诸生""太学生"。

(2)教学内容:太学传授的知识为单一的儒家经典。

(3)教学形式:太学建立之初采用个别或小组教学的形式,之后采用"大都授"的教学形式。

(4)考试形式:太学的考试形式是"设科射策"。"策"是教师(主考)出的试题,"射"是用射箭的过程来描述学生对试题的理解和回答过程,"科"是教师(主考)用以评定学生的等级标记。学生学成后,上等给予郎中,中等封为太子舍人,下等可做文学掌故。

3. 文翁兴学

汉景帝时,蜀郡太守文翁到达成都后,深感蜀地地方偏僻,文化落后,有蛮夷之风,便选择属下聪颖吏员10余人,到京师向博士学习,学成后回到蜀郡,根据学绩情况给予不同官职。与此同时,他在成都设立学官，在属县中抽调一批年轻人作为学官弟子，跟随学官学习，毕业后委以一定的官职。

儒家思想很快在蜀地传播，改变了当地的风俗，促进了经济的发展。这便是历史上所称颂的"文翁兴学"。汉武帝即位后，对此极为赞赏，将其办学方法在各郡国推行开来。

4. 汉代私学

汉代私学分为书馆和经馆两类。书馆使用的识字教材为《仓颉篇》《凡将篇》《急就篇》。第二阶段的教材为《孝经》《论语》《尔雅》。《尔雅》是一本字书，其目的在于扩大学生的识字面。

经馆的私学弟子分为及门弟子（授业弟子）和著录弟子。教学方法为次相传授。

5. 今古文之争

汉代的两大学术流派为今文经学和古文经学。今文经学多为汉初凭经学大师的记忆、背诵，并采用当时流行的隶书记录下来的六经旧典，发展在先。

古文经学是依据汉武帝时从地下或孔壁中挖掘出来，或通过其他途径保存下来的儒经藏书，初本是先秦的古文字，发展在后。

6. 董仲舒

（1）董仲舒认为，个体行为的动机比行为的效果更具有道德价值。"正其谊（义）不谋其利，明其道不计其功"，正是董仲舒对这一道德修养原则的总概括。

（2）从"独尊儒术"的思想出发，董仲舒主张以"六艺"(《诗》《书》《礼》《乐》《易》《春秋》)培养人才，不提倡学习关于鸟兽草木等自然知识。

7. 王充

（1）王充认为决定人性的因素有三个方面，分别为正性、随性和遭性。其中，"遭性"是一个最易人为控制的因素。他强调胎教。

（2）在教育目的上，王充主张培养文人和鸿儒。文吏"无篇章之诵，不闻仁义之语"；儒生"能说一经""旦夕讲授章句"；通人"博览古今"；文人"上书奏记"，鸿儒可以"精思著文，连结篇章""兴论立说"。

中国教育史

（3）在教育内容上，王充主张"博通百家"。

（4）在教学方法上，王充主张学知与闻见、思考与求是、"问难"与"距师"。

> 第四章

封建国家教育体制的完善

一、重要名词及选择题考点

1. 科举制

（1）科举制度是中国古代的一种选士制度。隋炀帝大业二年（606年），始设进士科，标志着科举制的正式确立。

（2）1906年科举制正式废除，在我国存在了1 300余年。

（3）科举考生的来源有生徒、乡贡。考试的科目分为常科、制科、武科。

（4）考试方法有帖经、口试、墨义、策问、诗赋等。科举考试的特点是个人自愿报考，县州逐级筛选，全国举子定时集中到京都，按科命题，同场竞试，以文艺才能为标准评定成绩，限量择优录取。

2. 魏晋南北朝时期的教育

（1）国子学是西晋时期专门创办的培养贵族子弟的学校。

（2）南朝宋时期，设立了儒学馆、玄学馆、史学馆、文学馆，四馆并列。

（3）宋明帝时期，设立总明观，置祭酒，设儒、玄、文、史四科。

3. 唐朝的官学

（1）中央官学"六学一馆"，其中"六学"指国子学、太学、四门学、书学、算学和律学。"一馆"指广文馆。

（2）国子学、太学和四门学教授内容相同，都是儒家经典，但是招收学生的等级不同，体现了教育的等级性。

（3）书学、算学和律学招收的都是八品以下以及庶人的子弟，但是教授的内容不同，属于专科性质，体现了教育的专门性。

（4）广文馆和科举制度有关系，是准备进士考试的场所，入学不受年龄限制。

（5）官学还有在中央各专职行政机构中附设的学校：医药学校、弘文馆和崇文馆。

（6）唐代的地方官学基本与其行政划分是一致的，主要有州学、县学。最初只有以学习经典为主要内容的经学，后设立了医学、崇玄学。

4. 唐朝的学校管理制度

唐代的学礼制度主要有束脩之礼、国学释奠礼、贡士谒见及使者观礼。

5. 颜之推的教育思想

颜之推主张教育的目标在于培养专门人才，而不仅仅是君子、圣人。主张统治人才必须"德艺周厚"。应以广博知识为教育内容，以读儒家经书为主要教育途径。除此之外，还应包括处于士大夫社会生活中所需要的"杂艺"，即琴、棋、书、画、数、医、射、投壶等。

二、论述题

1. 论述科举制的发展及影响。
2. 简述科举制和学校教育的关系。
3. 论述韩愈《师说》中的教育思想及当代意义。
4. 论述颜之推的家庭教育思想。

》》》 论述题参考答案

1. 论述科举制的发展及影响。

科举制是隋代的一大创举，经唐、宋、元、明、清各朝代的发展逐渐完备。科举制度在不同的时代有不同的发展变化，具体表现在：

（1）唐代。

①唐太宗实行偃武修文的政策：一方面扩建校舍、振兴教育，保证科举取士的质量与数量；另一方面开科取士，网络人才，控制人们的思想，巩固统治。

②唐高宗规定科举考试者必学《孝经》与《论语》。

③武则天轻视学校教育，重视科举，开创了科举考试中殿试的形

式,开武举选军事人才的先例,实行糊名考试的办法。

④唐玄宗时,科举考试以儒家经典为主,考试形式、科目已定型,科举制已经发展成为一种完备的选士制度。

(2)宋代。

①扩大了科举名额,提高了科举及第的待遇,视科举为取士正途。

②确定了"三年一贡举":考试周期为三年一试。

③殿试成为定制,实行三级考试制度:州试—省试—殿试。

④建立了新制,防止科场舞弊:设置锁院制、糊名制、别头试、誊录制。

(3)元代。

①民族歧视严重。

②规定从《四书》中出题,以《四书章句集注》为答题标准。

③科举制度日趋严密。

(4)明代。

①建立了科举定式:考试分为童试、乡试、会试、殿试。

②八股文成为固定文体。

③学校教育纳入了科举体系:主张"科举必由学校"。

(5)清代。

①科举成为"国家抡才大典"。

②科场舞弊丛生,积重难返。

③学校成为科举的附庸。

科举制作为我国古代的选士制度,既有积极影响,又有消极影响。其积极影响表现在:

(1)科举制度有利于加强中央集权,通过选拔人才为封建统治服务。

(2)科举制度使选士和育士紧密结合,为学校培养的人才提供了出路。

(3)科举制度的特点是个人自愿报考、县州逐级筛选、全国举子定时集中到京都、按科命题、同场竞试、以文艺才能为标准评定成绩、限量择优录取,这样使选拔人才较为公正客观。

其消极影响表现在：

（1）对于统治集团而言，学校培养人才需要一定的条件，要有人力、物力和财力的投入。而科举考试似乎可以依靠行政权力,选拔人才,在短时间内取得成效。所以,科举制度逐步受到重视，居于主导地位,学校逐渐沦为科举的附庸。

（2）科举制度具有欺骗性，很多人将终身献于科举，以获取功名。

（3）科举束缚思想，败坏学风，使很多学子读书只为了做官求取功名，甚至不惜舞弊。

因此，科举制度的影响需要辩证看待。

2. 简述科举制和学校教育的关系。

（1）科举影响学校的培养目标：① 科举考试是封建时代选拔官员的制度。平民百姓必须经由科举考试的途径，才能跨进入仕做官的行列。学校兴办后，以育才应举为正道，以登科做官为荣誉。② 科举考试选才的基本原则是以文才出众为标准，不是以德才兼备为标志，这对学校的培养方向产生了极深刻的影响。

（2）科举影响学校的教育内容：科举考什么，学校教什么。科举考试不考的，也就不教不学，这就导致一些学生投机取巧，比如选经书的要点或者直接背诵范文，应付科举。

（3）科举直接影响学校的考试方法：学校在平时或阶段考核中，都尽量仿照科举考试帖经、口问大义的方法。

总之，科举考试对学校教育的影响是多方面的，它对学校教育产生实在的导向作用，使学校逐渐成为科举考试的附庸。

3. 论述韩愈《师说》中的教育思想及当代意义。

韩愈是唐代著名的政治家、思想家。他在思想上倡导儒学、反对佛道，以卫道者自居。他十分重视教师的作用，关于教师的思想体现在其《师说》一文中，主要思想包括：

（1）从"人非生而知之者"出发，肯定"学者必有师"。

韩愈主张，每个人不是生下来就懂得道的，肯定向教师学习的必要性。

（2）"传道、授业、解惑"是教师的基本任务。

韩愈认为，"句读者不足为师"，教师是弘扬道、传授知识、解答学生疑惑的人。

（3）以"道"为求师的标准，认为"学无常师"。

韩愈提出，"弟子不必不如师，师不必贤于弟子"，主张向有道者学习。

（4）提倡"相师"，建立民主性的师生关系。

韩愈强调，要不耻相师，主动学习，尊敬教师，形成良好的师生关系。尊师重教是中华传统文化中的重要价值观，意味着敬重师长、尊重教育、推崇知识。在现代社会，尊师重教的价值意义仍然十分重要，从以下几个方面来看：

建立崇尚教育的社会氛围。尊师重教的文化精神，可以让社会各界认识到教育对于社会和个人的重要性，营造出重视教育、尊重教育的社会氛围，进而推动教育事业的繁荣和发展。

强化教师职业尊严。教师是知识拥有者，是树立良好品德的榜样，是引领学生成长和发展的关键人物。尊师重教的文化精神，可以增强教师职业尊严感，提高他们的社会地位和人格魅力。

培养学生良好的道德观和文化素养。尊师重教的文化精神，可以传递给学生正确的价值观和道德观，培养学生对知识、学问的敬畏和推崇之心。同时，也可以增强学生的文化素养和自我修养，让他们能够更好地理解和欣赏传统文化。

提升教育质量和成果。教育的质量和成果离不开教师对学生的教育引导和培养。尊师重教的文化精神，可以激发教师更高的教育热情和创造力，提高教育质量和教学成果，进而为社会培养出更多的优秀人才。

综上所述，尊师重教是中华传统文化中的重要价值观，具有深远的现实意义。在当代社会中，我们应当积极弘扬这一文化精神，促进教育事业的繁荣和发展。

4. 简述颜之推的家庭教育思想。

（1）重视儿童早期教育，强调及早施教。

幼年时期是奠定基础的重要阶段，长辈应利用好这个教育时机，

及早对幼儿进行教育,而且越早越好,理由是:

① 儿童幼年时期,心理纯净,各种思想观念还没有形成,可塑性很大。

② 幼儿时期受外界干扰少,精神专注,记忆力也处于旺盛时期,能把学习的材料牢牢记住。

(2) 主张严与慈相结合的教育原则:不善于教育子女的父母,往往重爱轻教,对幼儿一味溺爱,任其为所欲为,在子女面前没有威信。为了达到教育目的,不论是怒责还是鞭笞,只要是有效的手段都是可以采用的。

(3) 强调教育切忌偏宠:不管子女聪慧与否,都应以同样的爱护与教育标准来对待。

(4) 重视学习通用语言,不强调方言:父母对儿童学习正确的语言负有重要的责任,不可轻视。

(5) 注重儿童道德教育:儿童道德教育应包括以孝悌为中心的人伦道德教育和立志。

> 第五章
理学教育思想和学校的改革与发展

 重要名词及选择题考点

1. 致良知

"致良知"由明代王守仁(阳明)提出,良知不仅是宇宙的造化者,而且也是伦理道德观念。良知具有以下特点:

(1)与生俱来,不学自能,不教自会。

(2)它为人人所具有,不分圣愚。

(3)它不会泯灭,也不会消失。

(4)"良知"也有致命的弱点,即在与外物的接触中,由于受物欲的引诱,会受昏蔽。王守仁认为,教育的作用就在于去除物欲对"良知"的昏蔽。

"学以去其昏蔽"的目的是激发本心所具有的"良知"。教育的作用在于"存天理,灭人欲"。

2. 三舍法

"三舍法"是宋代王安石在"熙宁兴学"中改革太学时所创立的一种考核方法。王安石将太学分为外舍、内舍、上舍三个程度不同、依次递升的等级。

(1)外舍生:初入太学者,为外舍生。每月考试一次,每年举行一次升舍考试,成绩获得第一、二等者,参酌平时行艺,升入内舍。

(2)内舍生:内舍每两年举行一次升舍考试,成绩优、平两等者,参酌平时行艺,升入上舍。

(3)上舍生:上舍每两年举行一次考试,按考试成绩评定分为三等——上等者免殿试,直接授官;中等者免礼部试,直接参加殿试;下等者免贡举,直接参加礼部试。

3. 苏湖教法

"苏湖教法"又称分斋教学法。

（1）分斋：在学校内分设经义斋和治事斋。经义斋学习儒家经义，治事斋分设治兵、治民、水利、算术等学科。经义斋是为了培养较为高级的统治人才，治事斋是为了造就在某一方面有专长的技术、管理人才。

（2）主修和副修：学生可以选择其中一科为主修，一科为副修。

（3）苏湖教法开了分科教学和主修与副修制度的先声。

4. 朱子读书法

朱熹认为，"为学之道，莫先于穷理；穷理之要，必在于读书"，因此他十分重视读书的重要性。对于读书提出了很多精辟的见解，他的弟子将其概括为朱子读书法。

（1）读书要循序渐进。读书应按照次序，不可颠倒。读书也要按照自己的实际情况和能力安排。读书要打好基础，不可囫囵吞枣。

（2）读书要做到熟读精思。熟读成诵，精于思考。

（3）读书要虚心涵泳。所谓虚心，指读书要虚怀若谷，静心思考。所谓涵泳，指读书要反复咀嚼，细心玩味。

（4）读书要切己体察。不能仅仅停留在课本上，要见之于自己的实际行动。

（5）读书要着紧用力，必须抓紧时间，抖擞精神，反对松松垮垮。

（6）读书要居敬持志。精神专一，注意力集中，树立远大志向。朱子读书法对我们今天的读书学习仍不乏借鉴意义。

5. 熙宁兴学

王安石在宋神宗熙宁年间主持了"熙宁兴学"，主要内容有：

第一，改革太学，创立"三舍法"。

第二，恢复和发展州县地方学校。

第三，恢复和创设武学、律学、医学。

第四，编撰《三经新义》(《诗经》《尚书》《周礼》) 为统一教材。

6. 书院

书院是我国古代一种特有的教育组织形式，它既是独立于官学制度之外的学校制度，又是与教育密切结合的学术研究机构。书院萌芽于唐代，最初是私人藏书的地方。

我国古代著名的书院有白鹿洞书院、东林书院、诂经精舍、学海堂、漳南书院等。

7. 东林书院

东林书院原为北宋理学家杨时讲学之所，后在该地建立书院。明万历年间，无锡人顾宪成及其弟顾允成，重新修复，邀约同志讲学其中，形成著名的"东林学派"。东林诸子的基本倾向是推崇程朱，反对王学。

特点：（1）讲会制度化；（2）密切关注社会政治，将讲学活动与政治斗争紧密结合起来。东林书院是当时一个重要的文化学术中心，也是一个重要的政治活动中心。

8. 积分法

明朝国子监分为六堂三级：（1）六堂：正义、崇志、广业、修道、诚心、率性。（2）三级：正义、崇志、广业三堂为初级；修道、诚心二堂为中级；率性一堂为高级。监生按其程度进入各堂学习，然后逐级递升。仅通"四书"而未通经者，入初级；学习一年半以上，文理条畅者，入中级；再学习一年半，经史皆通，文理俱优者，入高级；升入高级后使用积分法，积八分为合格，可毕业。明朝的积分法是对元朝国子学积分法的继承和发展。

9. 六等黜陟法

六等黜陟法的基本特征是对生员实行动态管理，生员的等级不是固定不变的，而是根据学业成绩或升或降。学生的考试成绩被分成六等。一等补廪膳生，二等补增广生，三等无奖无罚，四等罚则，五等降级，六等除名。

10.《白鹿洞书院揭示》

《白鹿洞书院揭示》是朱熹为了培养人才而制定的纲领性学规。它高度提炼了《中庸》《孟子》、董仲舒等的思想，具体有以下内容。

（1）五教之目：父子有亲，君臣有义，夫妇有别，长幼有序，朋友有信。

（2）为学之序：博学之、审问之、慎思之、明辨之、笃行之。

（3）修身之要：言忠信，行笃敬，惩忿窒欲，迁善改过。

（4）处事之要：正其义不谋其利，明其道不计其功。

（5）接物之要：己所不欲，勿施于人。行有不得，反求诸己。

11. 监生历事制度

"监生历事"是中国古代的大学实习制度。明朝国子监生学习到一定年限后，就会被分拨到政府各部门"先习吏事"，故被称为"历事监生"。

（1）实习内容：除中央政府各部门外，历事监生也被分派到州、县清理粮田，或者督修水利等。

（2）实习时间：监生历事的具体时间不同，有的三个月，有的半年，有的长达一年，甚至还有更长的。

（3）实习考核：监生历事期满经考核，分为上、中、下三等。上等者授官，中、下等者历一年再考。上等者依上等用，中等者不拘品级，随才任用，下等者回监读书。

12. 蒙学教材类型

（1）识字教学类教材：《三字经》《百家姓》《千字文》，主要目的是教儿童识字，掌握文字工具，同时也综合介绍一些基础知识。

（2）伦理道德类教材：《童蒙训》《少仪外传》《性理字训》，侧重于向儿童传授伦理道德知识以及为人处世、待人接物的准则。

（3）历史教学类教材：《十七史蒙求》《历代蒙求》《叙古千文》《史学提要》《左氏蒙求》，向儿童传授历史知识，又对他们进行思想教育。

（4）诗歌教学类教材：《训蒙诗》《小学诗礼》，对儿童进行文辞和美感教育。

（5）名物制度和自然常识教学类教材：《名物蒙求》，内容涉及天文、地理、人事、鸟兽、草木、衣服、建筑、器具等。

13. 王守仁（阳明）的儿童教育思想

王阳明主张儿童教育必须顺应儿童的性情。儿童教育的内容是"歌诗""习礼""读书"。要"随人分限所及"，量力施教。

二、论述题

简述中国古代书院的特点。

论述题参考答案

简述中国古代书院的特点。

（1）书院的培养目标：注重对学生人格修养与道德的培养。

（2）书院的精神：提倡自由讲学，注重讨论，学术风气浓厚，开辟了新的学风，推动教育和学术发展。

（3）书院的功能：集育才、研究与藏书功能为一体的教育机构。

（4）书院的组织形式：私办、公办和私办公助等多种形式。

（5）书院的教学特点：

① 教学和研究紧密结合。书院既是教学机构，又是学术研究机构，教学活动和学术研究紧密结合，相互促进。

② 盛行讲会制度。讲会是书院讲学的重要组织形式。

③ 教学上实行门户开放。求学者不受地域、学派的限制，均可前来听讲、求教。教学人员不限于书院内部。

④ 书院的师生关系融洽，师生彼此间感情非常深厚。

⑤ 教学形式多样，注重学生自学。书院教学以学生读书钻研为主，注重培养学生的自学能力，发展学生的学习兴趣。

⑥ 注重讲明义理，躬亲实践。

第六章
理学教育思想的批判与反思

 重要名词及选择题考点

1. 黄宗羲"公其非是于学校"的思想

黄宗羲是明末清初著名的启蒙思想家,他批判传统的理学教育,同时提出了一系列革新的见解,其中最具特点的便是他的"公其非是于学校"。

(1)内涵。

黄宗羲认为,学校不仅应具有培养人士、改进社会风俗的职能,而且还应该议论国家政事。

黄宗羲主张,应该在学校中由大家共同议论国家政事的是非标准。

黄宗羲主张,将寺观庵堂改为书院和小学,实现在全国城乡人人都能受教育、人人都能尽其才的理想,而且强调学校必须将讲学与议政紧密结合。

(2)评价。

"公其非是于学校"思想的基本精神在于反对封建君主专制,改变国家政事的是非标准由天子一人决断的局面。这是对中国古代关于学校职能理论的创新,反映了他要求国家决策民主化的强烈愿望。这种性质的学校已与近代资本主义制度下的议会相近。

2. 漳南书院

颜元是清初批判理学教育、提倡实学教育的主要人物。颜元62岁时,受邀主持河北漳南书院,他亲自规划书院,制定"宁粗而实,勿妄而虚"的办学宗旨,并设文事、武备、经史、艺能等书斋。后因漳水泛滥,淹没院舍,未及半年颜元即离去。后经修复,屡请颜元主其事,皆辞而不往。虽然其主持漳南书院时间不长,但比较集中地反映了他的教育主张。

3. 颜元教育内容

颜元主张"真学""实学"的教育内容。

（1）文事斋：课礼、乐、书、数、天文、地理等科。

（2）武备斋：课兵法、射御、技击等科。

（3）经史斋：课《十三经》等科。

（4）艺能斋：课水学、火学、工学等科。

（5）理学斋：课静坐、编著、程、朱、陆、王之学。

（6）帖括斋：课八股举业。

4. 颜元教学方法

颜元强调"习行"的教学法，坚持练习和躬行实践，认为只有如此，学得的知识才是真正有用的。

第七章 近代教育的起步

一、重要名词及选择题考点

1. 京师同文馆

京师同文馆于1862年由洋务大臣创立，最早是作为外语学校，学习外文。1866年增设算学馆，教授天文、算学。近代以来，关于教育改革问题的第一场大争论"洋务派和守旧派关于京师同文馆是否要增设西方科学技术学"正是发生在京师同文馆。

（1）1902年，京师同文馆并入京师大学堂。京师同文馆教师有外国人和中国人，分为总教习、教习和副教习。学生待遇较为优厚。

（2）学生的学习内容包括西艺、外文、汉文。

京师同文馆具有重要的象征意义，是洋务学堂的开端，是中国近代新教育的开端，由于身处北京，一些重要举措及引起的争执往往能反映各派关于教育改革的观点。

2. 中体西用

"中体西用"是洋务运动的指导思想。

（1）1898年，张之洞撰成《劝学篇》，围绕"中学为体，西学为用"进行阐述，形成了完整的思想体系。中学也称旧学，"四书五经，中国史事、政书、地图为旧学"，最注重纲常名教。西学也称新学，"西政、西艺、西史为新学"。对于"中学""西学"的关系，概言之为"中学为体，新学为用，不使偏废"。

（2）"中体西用"理论为西学的合理性进行了有效的论证，促进了资本主义文化在中国的传播。但是"中体西用"的思想没有克服中、西学之间固有的内在矛盾，想通过简单嫁接的方式结合，必然引起二者的排异性反应。

3. 洋务学堂

洋务学堂分为外国语（"方言"）学堂、军事（"武备"）学堂、技术实业学堂。

（1）外国语学堂包括京师同文馆、上海广方言馆、湖北自强学堂等。

（2）军事学堂包括福建船政学堂、天津水师学堂、湖北武备学堂等。

（3）技术实业学堂包括福州电报学堂、天津西医学堂等。

4. 福建船政学堂

福建船政学堂（亦称求是堂艺局或福州船政学堂）分为前学堂和后学堂。

（1）前学堂学习制造技术，多以法国人担任教习，目标是培养能够设计制造各种船用零件并能进行整船设计的人才。

（2）后学堂学习驾驶和轮机技术，多以英国人担任教习。1868年，前学堂增设绘事院和艺圃。绘事院培养生产用图纸的制作人员。艺圃为在职培训学校，实行半工半读，开我国近代职工在职教育的先声。

福建船政学堂为近代中国海军输送了第一代战舰指挥和驾驶人才，为近代中国船舰制造业的发展写下了光辉的一页，是近代中国海军人才的摇篮。

二、论述题

1. 简述近代洋务学堂的特点。
2. 试从指导思想和改革措施两方面比较中国洋务教育与日本明治维新教育改革。

 论述题参考答案

1. 简述近代洋务学堂的特点。

洋务派所兴办的洋务学堂，具有明显的新旧杂糅的特点。

（1）"新"主要表现在培养目标、教学内容、教学方法、教学组织形式上。

① 培养目标：造就洋务事业需要的专门人才，如外交人才、水陆军事人才等。

②教学内容：以学习"西文""西艺"为主，课程包括外语、数学、化学等。

③教学方法：按照知识的接受规律由浅入深、循序渐进地安排教学内容，重视理解，注重教学中的理论与实践结合。

④教学组织形式：普遍制订分年课程计划，确定学制年限，采用班级授课制，突破了传统的进度不一的个别教学形式。

（2）"旧"主要是因为洋务学堂依托传统封建教育体制办理，导致：

①零散：洋务大臣们各自为政办理，零星分散，缺乏全国性的整体规划和学制系统，学校与学校之间相互孤立。

②陈旧：在"中学为体，西学为用"的总原则下，洋务学堂在传授"西文""西艺"的同时，不放弃对"四书五经"的学习。

③官僚：洋务学堂由洋务大臣举办，洋务大臣作为封建官僚，对学堂的管理不免沾上封建官僚习气。

总之，洋务学堂以西方近代科技文化作为主要课程，在形式上引进了资本主义因素，初步具备了近代教育的特征。它的出现，逐渐动摇和瓦解了旧的教育体制，实际启动了近代中国教育改革的进程。

2. 试从指导思想和改革措施两方面比较中国洋务教育与日本明治维新教育改革。

（1）指导思想。

洋务教育的指导思想是"中学为体，西学为用"；明治维新教育改革的指导思想是"文明开化"和"和魂洋才"。

①相同点：都重视引进和兴办西式教育，又希望不丢掉本国文化传统的根本。

②不同点：洋务教育旨在保留封建教育的同时，兴办西式近代教育；明治维新教育改革以否定封建教育为前提，兴办西式近代教育。

（2）改革措施。

①相同点：洋务教育和明治维新都采用了向海外派遣留学生的措施；都聘请洋教员执教，开办西式近代学校。

②不同点：第一，洋务教育未能使教育改革与社会改革同步进行；明治维新教育改革则使教育改革与社会改革同步进行。

第二，洋务教育只是当时中国教育体系中的一小部分，且主要集中于专门教育；明治维新教育改革则对教育进行了全面而系统的改革，涉及各级各类教育。

第三，兴办洋务教育的主体是部分具有危机和开放意识的官员，未能获得全国统一教育领导机构的有力支持，力量薄弱；明治维新教育改革确立了以文部省为首的中央集权式的教育管理体制，是通过政府动员全国力量进行的，力量强大。

第八章
近代教育体系的建立

  一、重要名词及选择题考点

1. 京师大学堂

1898 年,在维新派的推动下京师大学堂正式成立。

(1)京师大学堂是全国最高学府,也是最高的教育行政机关。京师大学堂的课程主要可分为溥通学和专门学两大类,办学宗旨为"中学为体,西学为用",1912 年始更名为北京大学。

(2)京师大学堂实为中国近代新学制的摹本,对社会风气有一定的影响。戊戌政变后,维新派所创的文教事业受到摧残,京师大学堂成为唯一幸存的成果。

2. 庚款兴学

1901 年《辛丑条约》规定,中国战争赔款 4.5 亿两白银。1908 年,美国提出从 1909 年开始,将所得庚子赔款的一部分以"先赔后退"的方式退还给中国,用来发展留美教育,后被部分国家仿效,这就是所谓的"庚款兴学"。

为了实施庚款兴学计划,中国政府专门在北京设立游美学务处。游美学务处选派留学生的同时,着手建立留美预备学校——清华学堂。

3. 壬寅学制

1902 年,清政府颁布《钦定学堂章程》,因 1902 年是壬寅年,故又称"壬寅学制"。

(1)学制主系列分为三段七级,第一阶段为初等教育,设蒙学堂、寻常小学堂、高等小学堂;第二阶段为中等教育,设中学堂;第三阶段为高等教育,设高等学堂或大学预科、大学堂、大学院。除主系列之外,与高等小学堂平行的有简易实业学堂,与中学堂平行的有中等实业学堂、师范学堂，与高等学堂平行的有高等实业学堂、师范馆、仕学馆等。

（2）壬寅学制是中国近代第一个以中央政府名义制定的全国性学制系统。"壬寅学制"公布后未及实行，很快被"癸卯学制"所替代。

（3）该学制最早提出了实施义务教育。

4. 癸卯学制

壬寅学制是近代中国第一个颁布的学制，但并没有实施；癸卯学制是近代中国第一个实施的学制。

（1）指导思想是"中学为体，西学为用"。

（2）该学制承袭了日本教育改革的思想，所以在一定程度上轻视女子教育，在课程设置上，特别注重读经，具有浓厚的封建性。

（3）该学制从纵向上划分为三段七级，修业年限为26年，是修业年限最长的学制。

5. 梁启超

（1）梁启超认为，国势强弱随人民的教育程度而转移，教育的作用在于开民智与兴民权。

（2）梁启超主张通过教育培养"新民"。"新民"必须具有新道德、新思想、新精神、新特性和新品质，诸如国家思想、权利思想、政治能力、冒险精神，以及公德、私德、自由、自治、自尊、尚武、合群等。

（3）主张变科举、兴学校；重视师范学校，认为师范乃群学之基；十分倡导女子教育。1896年，梁启超发表《变法通议·论女学》，系统地论述女子教育问题。1898年，梁启超积极参与中国第一所女学——经正女学的筹办；重视改革儿童教育；介绍西方学理，指点教育新政。根据学生身心发展的阶段性特征来确定学制的不同阶段和年限是近代西方教育心理研究的成果。梁启超是中国近代最早系统介绍和倡导这一理论的人物。

二、论述题

1. 论述清末新政的教育改革。
2. 维新派相对于洋务派提出了哪些新的教育主张？产生了哪些

影响?

>>> 论述题参考答案

1. 论述清末新政的教育改革。

清末新政的教育改革主要有:

(1)"壬寅学制"和"癸卯学制"的颁布。

① 壬寅学制于1902年颁布,统称为《钦定学堂章程》。壬寅学制是中国近代第一个以中央政府名义制定的全国性学制系统。

学制主系列分为三段七级。第一阶段:初等教育,包括蒙学堂4年、寻常小学堂3年、高等小学堂3年。第二阶段:中等教育,设中学堂4年。第三阶段:高等教育,设高等学堂或大学预科3年、大学堂3年,大学堂之上设有大学院。

不算大学院,整个年限长达20年。学制主系列之外,与高等小学堂平行的有简易实业学堂;与中学堂平行的有中等实业学堂、师范学堂;与高等学堂平行的有高等实业学堂、师范馆、仕学馆等。"壬寅学制"公布后未及实行,很快就被"癸卯学制"所替代。

② 癸卯学制于1904年颁布,统称为《奏定学堂章程》。癸卯学制是中国近代第一个以中央政府名义颁布并实施的全国性学制系统。学制主系列划分为三段七级。

第一阶段:初等教育,包括蒙养院4年、初等小学堂5年、高等小学堂4年。第二阶段:中等教育,设中学堂5年。第三阶段:高等教育,设高等学堂或大学预科3年、大学堂3~4年、通儒院5年。

从小学堂到大学堂,学制年限共20~21年。主系列之外的学堂主要分为实业类和师范类学堂。实业类学堂:与高等小学堂平行的有实业补习学堂、初等农工商实业学堂和艺徒学堂;与中学堂平行的有中等实业学堂;与高等学堂平行的有高等实业学堂。师范类学堂:与中学堂平行的是初级师范学堂,以培养初等、高等小学堂教员为宗旨;与高等学堂平行的是优级师范学堂,以造就初级师范学堂及中学堂教员、管理人员为宗旨。

(2)废科举,兴学堂。

1905年光绪帝上谕:"著即自丙午科(1906年)为始,所有乡会试一律停止，各省岁科考试亦即停止。"科举废除后，许多新式学堂是由传统书院改造而来的。

（3）建立教育行政体制。

① 中央教育行政机关：1905年，清政府设立学部，作为统辖全国教育的中央教育行政机关，将原来的国子监并入。

② 地方教育行政：地方教育行政上，各省设立提学使司管理教育，长官为提学使。

（4）确定教育宗旨。

教育宗旨确定为"忠君、尊孔、尚公、尚武、尚实"。

（5）留日高潮与"庚款兴学"。

清末出现了留日高潮。在留日选修的专业中，以法政科、武备科占大多数。留日教育充实了学堂师资，翻译了日文西学书籍，传播了资本主义思想观念，形成了资产阶级革命群体，促成了辛亥革命的爆发。

1901年《辛丑条约》规定，中国付各国战争赔款共计4.5亿两白银。1908年，美国提出，从1909年开始，将所得庚子赔款的一部分以"先赔后退"的方式退还给中国，用来发展留美教育，后被部分国家仿效，这就是所谓的"庚款兴学"。

为了实施"庚款兴学"计划，中国政府专门在北京设立游美学务处。游美学务处在直接选派留美学生的同时，也开始着手筹建留美预备学校——清华学堂。

2. 维新派相对于洋务派提出了哪些新的教育主张？产生了哪些影响？

（1）洋务派的教育主张主要有：

① 兴办洋务学堂。

② 派遣学生留美和留欧。

（2）维新派的教育主张有：

① 设立京师大学堂。京师大学堂是全国最高学府，也是最高教育行政机关。京师大学堂的办学宗旨为"中学为体，西学为用"，是戊戌政变后唯一留下来的措施。

② 废除八股考试，改革科举制度，设立经济特科。

③ 讲求西学，普遍建立新式学堂，主张将传统的书院改为学堂。

④ 兴办学会，如兴办北京强学会、上海强学会。

⑤ 发行报刊，如发行《万国公报》《时务报》。

⑥ 兴办的学堂可以分为两类：一类是维新运动的代表人物为培养维新骨干、传播维新思想而设立的学堂，如万木草堂、湖南时务学堂；另一类是在办学类型与模式、招生对象、教学内容方面对洋务办学观念有所突破的学堂，如北洋西学堂、南洋公学、经正女学。

（3）相对于洋务派，维新派新在：

① 教育目的上，洋务派仍具有一定的封建性，受"中体西用"指导思想的影响，教育主要是为了维护封建统治；而维新派带有资产阶级意识，反对维护封建统治，主张建立君主立宪制。

② 教育内容上，维新派认为洋务派仅仅局限于技术层面上的学习，维新派提倡全面学习西学，尤其是思想方面的学习。

③ 教育思想上，维新派更加重视儿童教育、女子教育和男女平等。

④ 教育实践上，维新派采取了更多的教育改革措施，如发行报刊、创办京师大学堂等。

⑤ 教育制度上，维新派促进了近代学制的建立。

（4）维新派的教育影响：

① 教育实践上，维新派采取了许多教育措施来推行新式教育，一定程度上传播了西方的知识和思想，推动了当时的教育变革，也促进了中西方的交流。

② 教育制度上，维新派促进了我国的近代学制的建立。

③ 教育思想上，维新派重视男女平等，开女子教育先河；提出"鼓民力""开民智""新民德"，传播了民主的思想。

④ 社会影响上，形成了"人人谈时务，家家言西学"的局面，激起了一股思想解放的潮流，促进了资产阶级思想在我国的传播。

第九章
近代教育体制的变革

一、重要名词及选择题考点

1. 壬戌学制

1922年的新学制又称为"壬戌学制"。由于采用的是美国式的六三三分段，又称"六三三学制"。新学制根据儿童身心发展规律划分教育阶段，初等教育趋于合理，缩短了小学年限。中等教育中学分为初、高两级，中学开始实行选科制和分科制。除此之外，中学还设立了职业科，对职业教育、师范教育进行了改革。

壬戌学制受美国实用主义影响较大，但也结合我国国情进行了调整，有利于课程普及，有利于职业教育发展。

2. 五育并举

蔡元培在《对于教育方针之意见》中提出"五育并举"的教育方针，包括公民道德教育、军国民教育、实利主义教育、世界观教育和美感教育。

（1）军国民教育主张将军事教育引入学校和社会教育中；实利主义教育主张加强职业技能的培训；公民道德教育主张从儒家传统文化入手；世界观教育主张人们要立足于现象世界而追求实体世界；美感教育主张以美育代宗教。

（2）"五育"不可偏废，分别代表体育、智育、德育、美育。世界观教育将德、智、体三育合而为一，是教育的最高境界。

3. 平民教育思潮

平民教育思潮的代表有两类：一类是具有共产主义思想的知识分子，主张先改造社会再促进教育；另一类是资产阶级知识分子，主张通过教育改造社会。

(1) 具有共产主义思想的知识分子代表：陈独秀、李大钊、邓中夏。他们认为，不是教育了一切人才可以改造社会，而是改造了社会，才可以有好教育。

(2) 资产阶级知识分子代表：受杜威民主主义教育思想的影响，将平民教育视为救国和改良社会的主要手段，希望通过平民教育来实现平民政治。北京高等师范学校的教职工和学生组织的平民教育社，是最早实践此种思想的团体。

4. 工读主义教育思潮

"以工兼学、勤工俭学、工人求学、学生做工、工学结合、工学并进，培养朴素工作和艰苦求学的精神，以求消弭体脑差别。"

(1) 由匡互生、周予同等北高师学生组织的工学会，倡导工学主义，主张"做工的人一定要读书，读书的人一定要做工"。

(2) 由少年中国学会成员王光祈组织的北京工读互助团，主张"人人做工、人人读书，各尽所能、各取所需"。

(3) 以李大钊为代表的初步具有共产主义思想的知识分子倡导实行工读，主张"使工不误读，读不误工，工读打成一片，才是真正人的生活"。

(4) 以胡适、张东荪为代表的观点可称为纯粹的工读主义，胡适认为，工读主义"不过是靠自己的工作去换点教育经费而已"。

5. 中华职业教育社

1917年，黄炎培发起组织中国近代第一个研究、倡导、实验和推行职业教育的专门机构——中华职业教育社。中华职业教育社在上海创立中华职业学校，通过学校教育的形式开展职业教育实验。

6. 勤工俭学运动

1915年，蔡元培、李石曾、吴玉章等在法国创立"勤工俭学会"，明确提出以"勤于工作，俭于求学，以进劳动者之智识"为宗旨，创造了半工半读的形式，产生了最初的工读主义教育思想。1916年，蔡元培、吴玉章等在法国创立"华法教育会"，以勤工俭学的方式吸引贫苦有志青年赴法留学。1919年春到1920年底，留法勤工俭学运动形成高潮。早期共产主义者是此阶段留法勤工俭学运动的主要发起者、组织者和参加者。

勤工俭学运动于1925年前后结束。它最初是一场以输入西方资本主义文明为指导思想，以教育救国和实业救国为主要追求，以工读结合为手段的教育运动，后来逐渐转变为寻求革命救国道路，以马克思主义为指导的新民主主义文化教育运动和革命运动。

7. 科学教育思潮

科学教育思潮中以任鸿隽为代表的中国科学社和《科学》杂志倡导以科学内容充实教育，以陈独秀为代表的激进民主主义者通过文化反思倡导科学启蒙。以胡适为代表的实证主义者将科学的方法理解为"大胆的假设，小心的求证"。

（1）科学的教育化趋势：把科学知识教给学生，也就是提倡学校中的科学教育。当然这种科学教育也要按照教育原理和科学方法进行，目的是培养学生科学的知识、技能和态度。

（2）教育的科学化趋势：教育越来越讲究方法层面的科学性，也就是提倡以科学的方法研究教育，包括儿童心理和教育心理的研究、各种心理和教育量表的编制应用，心理测量、智力测验、教育统计、学务调查等十分流行。各种新教学方法的试验广泛开展。道尔顿制、设计教学法、蒙台梭利教学法、自学辅导主义等方法流行。高校中培养教育学科专门人才的学科和专业开始设置。

二、论述题

1. 简述1922年学制的特点。
2. 论述蔡元培的教育思想与实践。
3. 试从教育思想、制度、实践三个方面，举例说明新文化运动时期民主思想在当时中国教育领域里的体现。

 论述题参考答案

1. 简述1922年学制的特点。

（1）根据儿童身心发展规律划分教育阶段。

童年时期（6~12岁）为初等教育阶段，少年时期（12~18岁）为中等教育阶段，成年时期（18~22岁）为高等教育阶段。

（2）初等教育阶段趋于合理，更加务实。① 缩短小学年限，改7年为6年，有利于初等教育的普及。② 幼稚园也纳入初等教育阶段，使幼儿教育和小学教育得以衔接，确立了幼儿教育在中国教育史上的地位。

（3）中等教育阶段是改制的核心，是新学制中的精粹。① 延长了中学年限，改4年为6年，提高了中学教育的程度。② 中学分为初、高两级，不仅增加了地方办学的伸缩余地，还增加了学生的选择余地。③ 在中学开始实行选科制和分科制。

（4）建立了比较完善的职业教育系统。① 职业教育代替了实业教育。② 建立独立的职业学校和专门学校，建立附设于高小、初中、高中的职业科和大学的专修科。

（5）改革师范教育制度高级中学设师范科，旧制高等师范学校升格为师范大学。

（6）高等教育阶段缩短高等教育年限，取消大学预科。

（7）两条"附则"：注重天才教育、注重特种教育。

蔡元培主张"五育"不可偏废，军国民教育为体育，实利主义教育为智育，公民道德教育为德育，美感教育可以辅助德育，世界观教育将德、智、体三育合而为一，是教育的最高境界。

2. 论述蔡元培的教育思想与实践。

蔡元培5岁入私塾读书，16岁考中秀才。甲午战争爆发后，开始留心时事，学习西学。其主要教育活动包括成立"中国教育会"，创办爱国女学、爱国学社，担任教育总长，组织"勤工俭学会"，改革北大。

（1）提出"五育并举"的教育方针。

蔡元培在《对于教育方针之意见》中提出"五育并举"的教育方针，包括公民道德教育、军国民教育、实利主义教育、世界观教育和美感教育，主张"五育"不可偏废。

在军国民教育上，蔡元培主张将军事教育引入学校和社会教育中，强调学生生活的军事化，特别是体育的军事化；在实利主义教育上，蔡元培主张"以人民生计为普通教育之中坚",加强职业技能的培训;在公民道德教育上,蔡元培主张从儒家传统文化入手进行公民道德教育,其内涵和资产阶级追求的自由、平等、博爱的精神是相通的;在世界观教育上,将世界分为"现象世界"和"实体世界",主张人们立足于现象世界而追求实体世界;在美感教育上,蔡元培认为美育是世界观教育的主要途径,主张以美育代替宗教。

(2)提出教育独立思想。

1922年3月,蔡元培发表《教育独立议》一文,阐明其教育独立的基本观点:

① 教育独立思想的内容包括:教育经费独立:政府指定固定的款项,专作教育经费,不能移作他用;教育行政独立:设立专管教育的行政机构,不附设于政府部门;教育学术和内容独立;教育方针应保持稳定,能自由编辑、出版、选用教科书;教育脱离宗教独立。

② 教育与政党、教会的关系:

第一,政党与教育的对立。教育要平衡发展人的个性和群性,政党则要造就特殊的群性;教育求远效,政党求近功;政权在各党派之间更迭,影响教育的稳定。所以,教育要超脱各党派之外。

第二,教会与教育的对立。教育是进步的,教会则是保守的;教育是共同的,而教会之间是相互排斥的。

③ 教育独立思想的实践设想:蔡元培主张将全国分为若干个大学区,每区设立一所大学,管理所有教育事务,但大学区制度没有完全建立。

④ 对教育独立思想的评价:教育活动必须接受社会的物质支持并传播一定的政治和社会价值体系,它因此依附于一定的政治和社会力量,不可能也不应该完全独立。但是不完全独立不等于不能相对独立,教育主体的能动性决定了它在教育活动中有自主选择的能力和自由。

(3)蔡元培的教育实践。

蔡元培的教育实践集中体现在对北京大学的改革上。1916年,蔡元培在孙中山等人的支持下,对北京大学进行了全面改革,主要表现在以下几个方面:

① 抱定宗旨，改变校风。

蔡元培认为，大学应是"研究高尚学问之地"，改革北京大学的第一步是明确大学的宗旨，并为师生创造研究高深学问的条件和氛围。

第一，改变学生观念，让学生抱定为求学而来的宗旨；第二，整顿教师队伍，延聘积学热心的教员；第三，发展研究所，广积图书，引导师生研究兴趣；第四，砥砺德行，培养正当兴趣。

② 贯彻"思想自由，兼容并包"的办学原则。

蔡元培认为，"大学者，'囊括大典，网罗众家'之学府也"。在学术上"循'思想自由'原则，取兼容并包主义"。在教师的聘任上，罗致各类学术人才，使北京大学的教师队伍呈现出流派纷呈的局面。

③ 教授治校，民主管理。

蔡元培设立评议会、教授会，确定学校内部组织章程，决定设立行政会议、教务会议及教务处、总务处。新的管理体制的建立，改变了京师大学堂遗留下来的封建衙门作风，提高了工作效率。

④ 学科与教学体制改革。

第一，扩充文理，改变"轻学而重术"的思想；第二，沟通文理，废科设系；第三，改年级制为选科制。

⑤ 蔡元培还在1920年实行女生旁听制度，开我国公立大学招收女生的先例。北京大学还开办了不少平民学校和夜校，努力服务于社会，提高了大学的开放性和平民化程度。

蔡元培的教育思想对民国教育的大政方针和宏观布局有重大影响。他的教育思想贯彻着对民主、科学、自由、个性的追求，充满了爱国激情。他在民国初期改革封建教育，建立资产阶级民主教育制度反映的是新时代对教育的要求，他对北京大学的改革，规模恢弘、影响深远，对我国近现代的教育具有不可磨灭的作用。

3. 试从教育思想、制度、实践三个方面，举例说明新文化运动时期民主思想在当时中国教育领域里的体现。

新文化运动时期高举"民主"和"科学"两面旗帜。给文化、教育、社会等方面带来了深刻变革。教育思想方面以陶行知、陈鹤琴为代表，教育制度方面以1922年"新学制"为代表，实践方面有乡村教育运动。

（1）教育思想中熠熠的民主思想光芒。

在教育思想层面上，以陶行知"生活教育"理论和陈鹤琴"活教育"理论为代表。民主思想主要体现在重视、关注儿童，从儿童的角度出发关注教育。

① 陶行知重视教育和生活的联系，他师从杜威，受到杜威思想的深刻影响，提出"生活教育"理论。其中，"生活即教育"是其理论的核心。生活含有教育的意义，过什么生活也便是在受什么教育，生活伴随人的始终；实际生活是教育的中心；生活决定教育，教育改造生活。"社会即学校"是"生活即教育"思想在学校与社会关系问题上的具体化，是关于学校教育的本质看法。社会含有学校的意味，学校含有社会的意味。"教学做合一"是其实施的方法。要求在"劳力上劳心"，是因为"行是知之始"，要求"有教先学"和"有学有教"，否定注入式教学法。

② 陶行知非常重视儿童和儿童教育，他创办南京晓庄学校，推行"科学下嫁"活动，创办山海工学团，提倡"艺友制"师范教育，提倡"小先生制"。这些都是民主思想的体现。

③ 陈鹤琴"活教育"思想也受到杜威教育思想的影响。"活教育"思想体系具体包括"活教育"的目的论、课程论和教学论。"做人，做中国人，做现代中国人"是目的论；"大自然、大社会都是活教材"是课程论；"做中教，做中学，做中求进步"是教学论。他批判教育忽视儿童生活和主体性，提出了体现儿童生活整体性和连贯性的"五指活动"。这些都体现了民主精神。

（2）教育制度中的民主思想光辉。

在教育制度层面上，1922年"新学制"破土而出。在全国教育联合会的努力下，我国仿效美国，结合自身国情，建立1922年"新学制"，也称"壬戌学制"或"六三三学制"。

① 该学制遵循"发扬平民教育精神、谋个性之发展、注意国民经济力、多留各地伸缩余地"等原则。

② 缩短了小学教育年限，以中等教育为改制的核心，中学实行选科制和分科制相结合。

③ 师范教育方面设立专门的师范院校。
④ 注重职业教育，建立职业教育系统。
⑤ 取消大学预科。
⑥ 注重天才教育和特种教育。

学制改革注重中国国情，为培养新国民、进行国民教育提供了制度保障，体现了民主思想。

（3）教育实践中的民主思想光彩。

从教育实践层面来看，以晏阳初、梁漱溟为代表主持的乡村教育运动轰轰烈烈的展开以及新的教学方法不断涌现。以改造中国乡村为着力点，乡村教育运动试图改造社会、挽救国运。

① 晏阳初把中国问题归结为"愚、穷、弱、私"，提出进行文艺教育、生计教育、卫生教育、公民教育，在河北定县，通过"化农民"与"农民化"开展教育实验，并提出了学校式、社会式、家庭式的教育。

② 梁漱溟主张进行乡村改造，提出"政教养卫合一"，主张建立乡农学校，以乡村教育的方式改造国民。道尔顿制、设计教学法、文纳特卡制等新教学法传入我国，在学校里引起了一系列教学方法的实验。这些教育实践和教学方法都是民主思想的体现。

民主思想不仅体现在20世纪20年代中国教育思想、制度、实践的方方面面，而且对今天我国的教育建设也颇有启发与借鉴意义。

第十章
南京国民政府时期的教育

重要名词及选择题考点

南京国民政府在抗日战争时期的重要教育举措

在抗日战争时期,南京国民政府提出了适宜的教育方针,采取了多种教育政策,主要包括:

(1)提出"战时须作平时看"的教育方针。强调战时的教育也要像平时一样,在战争环境下也要最大程度保证教育的正常发展。

(2)组织高校迁移。将一批重点大学迁往西南、西北地区。国立北京大学、清华大学、私立南开大学辗转长沙,迁往云南昆明,组成国立西南联合大学;国立北平大学、国立北平师范大学、北洋工学院迁往陕西汉中,成立国立西北联合大学;国立中央大学迁往重庆。

(3)建立国立学校。设立国立中学,部分私立大学转为国立大学,保障骨干学校正常办学,满足流徙青年的求学愿望。

(4)设置战区教育指导委员会。维持战区各级教育,联络爱国人士和教师抵制奴化教育,促进失学青年就学就业,实施战区教育。

第十一章 现代教育家的教育理论与实践

一、重要名词及选择题考点

1. 小先生制

"小先生制"是指人人都要将自己认识的字和学到的文化随时随地教给别人,而儿童是这一传授过程的主要承担者。尤其重要的是,"小先生"的责任不只在教人识字学文化,而在"教自己的学生做小先生",由此将文化知识不断延绵推广。陶行知认为,"小先生制"是为解决普及教育中师资奇缺、经费匮乏、谋生与教育难以兼顾、女子教育困难等矛盾而提出的,"穷国普及教育最重要的钥匙是小先生。"

2. 定县实验

晏阳初及平教会同仁放弃了城市的舒适生活,携家属迁居河北定县,进行了著名的定县试验。在实验中,晏阳初提出"农民科学化,科学简单化"的平民教育目标;为了实现这个目标,他又提出"化农民"和"农民化";在此基础上,晏阳初还总结出了"四大教育"和"三大方式"。

二、论述题

1. 论述陈鹤琴"活教育"思想体系及当代意义。
2. 论述陶行知的"生活教育"思想及对现代教育改革的启示。
3. 论述陶行知"生活教育"和陈鹤琴的"活教育"及二者的共同特点。
4. 论述黄炎培的职业教育目的、方针、原则。
5. 比较梁漱溟与晏阳初的教育思想。

6. 论述杨贤江的马克思主义教育理论观点。

>>> 论述题参考答案

1. 论述陈鹤琴"活教育"思想体系及当代意义。

（1）陈鹤琴活教育理论。

陈鹤琴是我国著名的儿童教育家，提出了"活教育"思想体系，具体包括以下内容。

①"活教育"的目的论："做人，做中国人，做现代中国人"是陈鹤琴"活教育"的目的论。他对"现代中国人"提出五方面的要求：要有健全的身体、要有建设的能力、要有创造的能力、要能够合作、要服务。

②"活教育"的课程论："大自然、大社会都是活教材"是陈鹤琴对"活教育"的课程论的概括表述。但是陈鹤琴并不摒弃课本，也不反对间接经验。

③"活教育"的教学论：教学原则为"做中教，做中学，做中求进步"。陈鹤琴强调以做为基础，确立学生在教学活动中的主体性，鼓励学生积极"做"的时候，教师要进行有效的指导。他提出"活教育"教学的四个步骤：实验观察、阅读思考、创作发表、批评研讨。

陈鹤琴批判传统教育忽视儿童生活和主体性，力图去除以学校和课堂为中心而脱离社会生活、以书本为中心而脱离实际和实践、以教师为中心而漠视学生的存在等弊端，充分考虑了中国的时代背景和国情。

（2）现代价值意义。

"活教育"思想的提出，为我国近代教育事业带来了一片光明前景，对现代社会的发展，有着重要价值和意义。

①"活教育"开创了对新型教育模式探索的先河。

"活教育"无论是在教学目的、教学内容、还是教学方法上，都是陈鹤琴长期教育研究与教育实践的总结，针对中国传统教育，他能够去其糟粕取其精华，将学生学习带向社会，融入自然。这一方面拓宽了学生视野，教会他们如何做人；另一方面，改变了以往毫无生气的课堂面貌，更有利于学生身心发展和智力提升。这种新型教学模式，在之前从未出现过,可以说它开创了我国教学改革的先河。

②"活教育"确立了儿童在教学中的重要地位。

"活教育"的提出,首次将儿童的重要性摆在了教育的首位。陈鹤琴认为,幼教工作的开展,应当以尊重儿童、热爱儿童和了解儿童为前提,将他们视为具有独立人格的个体;而不是成年人的附属品。只有这样,在开展"活教育"的过程中,才有利于培养儿童自尊自信的良好品格,满足个性发展需求。这种进步的理念,为日后我国的幼教事业广泛接受并采纳。

③"活教育"明确了我国的教学目的和教学理念。

"活教育"明确强调,其目的是教会国人如何做一名现代中国人,这是一种带有鲜明爱国特色且符合中国国情的教育理念。它不同于传统盲目的教育学习,也不是照搬别国、忽略本国历史文化与社会现实的教学,它的提出更激发了国人学习的热情。在教学理念上,"活教育"明确表示,幼儿的教育工作,是极为复杂的,并非仅仅依靠幼稚园一方努力就可取得良好效果,对幼儿的培养还离不开家庭和社会的关注。只有三方相互协调配合,才有助于儿童身心更健康发展。这一理念的提出,大大引发了社会和家庭对儿童的关注。

④"活教育"为中国推行素质教育打下了基础。

"活教育"思想是我国目前推行素质教育理念的缩影,素质教育要求尊重学生身心发展特点,重视学生德智体美劳全面发展,力图为国家培养出富有理想力、创造力和伟大民族精神的社会主义建设者和接班人。可见,素质教育理念源自对"活教育"思想精髓的提取,"活教育"为素质教育的推行奠定了坚实的思想基础。

2. 论述陶行知的"生活教育"思想及对现代教育改革的启示。

陶行知师从杜威,受到杜威思想的深刻影响,重视教育和生活的联系,又受到裴斯泰洛齐的启发,提出了生活教育理论。

(1)陶行知生活教育理论的主要内容。

①生活教育理论的内涵:从定义上说,生活教育是给生活以教育,用生活来教育,为生活向前向上的需要而教育;从生活与教育的关系上说,是生活决定教育;从效力上说,教育要通过生活才能发生力量,

从而成为真正的教育。

②生活即教育:"生活即教育"是陶行知生活教育理论的核心。生活含有教育的意义。横向来看,过什么生活也便是受什么教育;纵向来看,生活伴随人的始终。现实生活是教育的中心。生活教育是生活所原有,生活所自营,生活所必需的教育。生活决定教育,教育改造生活。教育的目的、原则、内容、方法都为生活所决定;教育能改造生活,推动生活进步。

③社会即学校:"社会即学校"是"生活即教育"思想在学校与社会关系问题上的具体化,是关于学校教育的本质看法。"社会即学校"是指"社会含有学校的意味",或者说"以社会为学校"。主张鸟儿回归自然,考虑到人民群众缺少教育的实际。"社会即学校"是指"学校含有社会的意味",主张对传统学校根据社会的需要进行改造。学校要依据社会的需要进行改造。

④教学做合一:教的方法根据学的方法,学的方法根据做的方法。做是教和学的中心。教学做合一要求在"劳力上劳心";教学做合一是因为"行是知之始",所谓"行动是老子,知识是儿子,创造是孙子",要求"有教先学"和"有学有教"。否定注入式教学法。课程观:一切课程都是生活,一切生活都是课程。注意培养学生的生活力。"教材是用碗呈上的饭,知识是饭粒"。教材是必需的,教材的编写要破除传统的以文字为中心的缺陷。

(2)生活教育理论的当代价值。

①生活即教育启示我们要重视家庭教育的潜移默化功能。

陶行知先生曾说:"生活教育,就是用生活来教育,为生活向前、向上而教育。"这句话形象生动地告诉我们,生活不仅仅是教育,而且是通过教育更好地服务于生活。我们日常生活中的每个细节都可能具有细微的教育意义。

②社会即学校启示我们重视学校教育对社会的作用。

习总书记在全国教育大会讲话中指出,我国教育的根本任务,就是培养社会主义建设者和接班人。当今的教育需求,赋予了"社会即学校"新的内容。一是教育要有效利用社会的各种有利资源。二是教育要适应社会的发展,注重培养学生的实践能力、团队精神、创新意识等素质。学校教育要满足社会成员学习的需求,从服务的角度看待学校的一切工作。三是要扩大教育的对象、学习的内容,让更多的人受教育。在学校里的学习内容太少了,应该把教育放到社会中去,使更多人能接受到教育。

③ 教学做合一启示我们要促进学生的全面发展。

一是教师的授课要突出参与性、操作性和体验性,要激发学生参与课堂的积极性,突出全员教育。二是教师要有效激发学生内在的学习动机,让学生成为主动学习的探索者、创造者。三是教学要从学生的实际出发,激发学生的学习动机,使学生在教学过程中从被动受教转变到自觉主动学习,培养学生获取、分析和解决以及交流合作的能力。

3. 论述陶行知"生活教育"和陈鹤琴的"活教育"及二者的共同特点。

陶行知和陈鹤琴虽分别为"生活教育"理论和"活教育"理论的代表人物,但他们在思想上存在诸多共同点。

(1)陶行知的生活教育理论。

① 生活即教育。

"生活即教育"是陶行知生活教育理论的核心。生活含有教育的意义,过什么生活也便是受什么教育,生活伴随人的始终;现实生活是教育的中心,生活教育是生活所原有,生活所自营,生活所必需的教育;生活决定教育,教育改造生活。

② 社会即学校。

"社会即学校"是"生活即教育"思想在学校与社会关系问题上的具体化。"社会含有学校的意味",或者说"以社会为学校",主张鸟儿回归自然,要考虑人民群众缺少教育的实际;"学校含有社会的意味",主张对传统学校根据社会的需要进行改造。学校要依据社会的需要进行改造。

③ 教学做合一。

教的方法根据学的方法,学的方法根据做的方法。做是教和学的中心。要求在"劳力上劳心";"行是知之始";要求"有教先学"和"有学有教";否定注入式教学法。课程观:一切课程都是生活,一切生活都是课程。注意培养学生的生活力。

(2)陈鹤琴的"活教育"理论。

①"活教育"的目的论。

"做人,做中国人,做现代中国人"是陈鹤琴"活教育"的目的论。他赋予"现代中国人"五方面的要求:要有健全的身体、要有建设的能力、要有创造的能力、要能够合作、要服务。

②"活教育"的课程论。

"大自然、大社会都是活教材"是陈鹤琴对"活教育"的课程论的概括表述。但是陈鹤琴并不摒弃课本,也不反对间接经验。

③"活教育"的教学论。

教学原则:"做中教,做中学,做中求进步"是"活教育"的教学方法的基本原则。陈鹤琴强调以"做"为基础,确立学生在教学活动中的主体性,鼓励学生积极"做"的时候,教师要进行有效的指导。

"活教育"教学的四个步骤:实验观察、阅读思考、创作发表、批评研讨。

(3)二者的共同点。

① 在理论基础上,二者都在借鉴杜威实用主义教育理论的基础上,充分考虑了中国的时代背景和国情,进行了本土改造。

② 在课程观方面,都打破了传统的"书本课程",都具有灵活的课程观,不仅仅局限于课本。

③ 在教学观方面,都突破了传统的"讲授式"教学,更强调学生主动参与,强调从做中学的重要性。

④ 在思想本质方面,都以儿童为中心,都强调通过教育来改造当时的中国社会。

4. 论述黄炎培的职业教育目的、方针、原则。

黄炎培是中国近现代著名的爱国主义者和民主主义教育家,是我国近代职业教育的创始人和理论家。他以毕生精力奉献于中国的职业教育事业,为改革脱离社会生活和生产的传统教育,建设中国的职业教育,作出了重要的贡献。

（1）职业教育的目的。

黄炎培对职业教育目的的认识和表述，在不同的历史时期和社会场合而有所不同。总的来说，他将职业教育的目的概括为"使无业者有业，使有业者乐业"。

①"使无业者有业"，是指通过职业教育为资本主义工商业发展造就适用人才，同时解决社会失业问题，使人才不至浪费，使生计得以保障。

②"使有业者乐业"，是指通过职业教育形成人的道德智能，使之能胜任所职、热爱所职，进而能有所创造发明，造福于社会和人类。

"使无业者有业，使有业者乐业"的职业教育目的论，包含了黄炎培所提倡的为个人谋生、为社会服务、促进实业发展、增长社会经济、稳定社会秩序诸多追求，表现了他的社会政治观和教育观。

（2）职业教育的方针。

① 社会化。

第一，办学宗旨的社会化：以教育为方法，以职业为目的。

第二，培养目标的社会化：在知识技能和道德方面适合社会生产和社会合作的各行业人才。

第三，办学组织的社会化：学校的专业、程度、年限、课时、教学安排均根据社会需要和学员的志愿与实际条件。

第四，办学方式的社会化：充分依靠教育界、职业界的各种力量，尤其是校长要联络、发挥社会各方面的力量。

② 科学化。

物质方面：包括农业、工业、商业、家事等专业课程的设置、教材的选编、教学训练原则的确定、实习设施的配置等，事前要经过调查和实验，事后要勤于总结，逐步推广。

人事方面：包括教育管理的组织、机构自身的建设等，都要运用科学管理方法。

（3）职业教育的教学原则。

职业教育必须遵循"手脑并用""做学合一"的原则，做到"理论与实际并行""知识与技能并重"。

作为中国近现代职业教育的先行者,黄炎培及其职业教育思想开创和推进了中国的职业教育事业;其平民化、实用化、科学化和社会化特征,也丰富了中国的教育理论,并对20世纪二三十年代中国教育改革产生了巨大的影响。

5. 比较梁漱溟与晏阳初的教育思想。

20世纪二三十年代,在全国范围内广泛兴起了以改革农村和农民现状为宗旨的乡村教育运动,不少学者纷纷提出自己的主张,其中就包括同为乡村教育家的晏阳初和梁漱溟。

(1)二者对于中国问题的分析。

① 晏阳初认为,中国乡村存在四大基本问题——"愚、穷、弱、私"。"愚"指最大多数人是文盲;"穷"指最大多数人民生活得极度贫困;"弱"指缺乏医疗保障,人民健康水平低下;"私"指最大多数人民缺乏合作精神和公民意识。

② 梁漱溟则认为,上述问题只是中国社会的表面现象,其深层原因是文化失调。中国文化的根在乡村,解决中国问题必须从乡村建设入手,从中国旧文化里转变出一个新文化来,创造新文化来救活旧乡村。

(2)二者的乡村教育方案。

① 晏阳初提出"四大教育"和"三大方式"。

"四大教育":以文艺教育攻愚,培养知识力;以生计教育攻穷,培养生产力;以卫生教育攻弱,培养强健力;以公民教育攻私,培养团结力。

"三大方式":学校式教育,以青少年为主要对象,设置初级平民学校、高级平民学校和生计巡回学校;社会式教育,以一般群众和农民团体为对象开展读书、演讲等活动;家庭式教育,以家庭中各成员为对象的生活、生产常识教育。

② 梁漱溟提出建立乡农学校。

学校由学长、学董、教员、学众组成,按自然村落和行政级别分村学和乡学两级,实行"政教养卫合一""以教统政",将学校式教育和社会式教育融合归一。学校课程分两类:一类是以知识教育和精神讲话为内容的共有课程;另一类是各校根据自身生活环境需要设置的课程。

（3）二者教育思想的异同。

① 相同之处：晏阳初与梁漱溟都注重乡村教育在乡村建设中的作用，并将教育与乡村经济、文化、道德等方面结合起来共同建设，在方式上均注意学校教育与社会教育的结合。

② 不同之处：

二者对中国问题的认识不同。晏阳初对中国农村问题的分析更多是对中国"社会病"具体表象的归结；梁漱溟则着力从中国文化寻找中国乡村问题的病因。

乡村教育的理论和方案设计的指导思想不同。晏阳初更注重乡村具体问题的解决，并引进现代民主意识和西方社会治理模式；梁漱溟则主要借鉴中国古代乡约制度并加以改造，更注重弘扬传统道德。

6. 论述杨贤江的马克思主义教育理论观点。

杨贤江是中国最早的马克思主义教育理论家和青年教育家，撰有我国第一部用历史唯物主义分析世界教育历史的著作《教育史ABC》，第一部运用马克思主义论述教育原理的专著《新教育大纲》。

（1）对教育本质的看法。

① 教育是观念形态的领域之一，即社会的上层建筑之一。教育建立在经济基础之上，取决于经济基础，又反作用于经济基础。

② 教育具有双重属性：既是上层建筑，又是劳动力再生产的手段。

③ 教育本质的演变：原始社会，教育是社会所需要的劳动领域之一；私有制的产生，教育发生了变质，教育成为社会的上层建筑之一；未来社会的教育将是社会所需要的劳动领域之一，是在更高形态上的复活。

（2）教育功能。

杨贤江批判三论四说：三论指的是教育万能、教育救国、先教育后革命。四说指的是教育神圣、教育清高、教育中正、教育独立。

（3）"全人生指导"与青年教育。

① 杨贤江对青年问题进行了分析。

青年问题指的是青年在生活中所发生的困难。比如，人生观、价值观、经济、社交、职业。产生青年问题的原因有两方面：一是青年期是身心发生显著而重要变化的时期,身心的急剧变化导致诸多身心问题;二是社会动荡剧变更易导致青年问题。

②杨贤江主张对青年进行"全人生的指导"。

第一,指导青年树立正确的人生观,是青年教育思想的核心。

第二,主张青年要干预政治、投身革命。

第三,主张青年必须学习。

第四,对青年的生活提出了指导性意见,包括如何过好健康生活、劳动生活、公民生活、文化生活。

杨贤江的"全人生指导"教育思想的核心是教育青年树立正确的人生观,并引导他们走上革命道路。"全人生指导"最重要的原则是自动自律,培养青少年的主动精神,让青年做自己的主人,教育只是居于指导地位,不应包办和强制。

第十二章 新民主主义教育的发展

一、重要名词及选择题考点

1. 新民主主义教育方针

1940年,毛泽东发表的《新民主主义论》明确提出了新民主主义的文化教育方针,即"无产阶级领导的人民大众的反帝反封建的文化",也就是民族的、科学的、大众的文化。

2. 抗大

"抗大"的全称为中国人民抗日军事政治大学,是一所培养抗日军政干部的学校,是抗日民主根据地干部学校的典型。实行"坚定不移的政治方向,艰苦奋斗的工作作风,机动灵活的战略战术"的教育方针。

校训:"团结、紧张、严肃、活泼"。

教育内容:主要为政治思想教育。毛泽东同志将"坚定不移的政治方向"放在学校工作的首位。

二、论述题

简述革命根据地教育的基本经验。

>>> 论述题参考答案

简述革命根据地教育的基本经验。

(1)教育为政治服务。

① 教育安排。

在成人教育中,坚持"干部教育第一、群众教育第二"。

在群众教育中,坚持"成人教育第一、儿童教育第二"。

② 教育内容:始终服从战争需要,以革命战争所需要的内容为主。

③教育形式：灵活多样。

（2）教育与生产劳动相结合。

① 教育内容紧密联系当时当地的生产和生活实际，进行劳动习惯和观点、劳动知识和技能的教育。

② 教育教学的组织形式和时间安排注意适应生产需要。

③ 要求学生参加实际的生产劳动。

（3）依靠群众办教育。

① 群众教育由群众自己办。

② 依靠群众力量创办普通小学。

③ 干部教育不脱离群众。

外国教育史

第一章 东方文明古国的教育

重要名词及选择题考点

1. 古埃及学校

古埃及开设的学校有宫廷学校、寺庙学校、职官学校和文士学校。

（1）宫廷学校：据古代埃及文献记载，在古王国时期已出现了宫廷学校。宫廷学校是人类有史可稽的最古老的学校。

宫廷学校是国王法老在宫廷中设立的学校，以教育皇子皇孙和朝臣的子弟为宗旨，学生学习完毕，接受适当的业务锻炼后，即分别被委任为官吏。

（2）僧侣学校：设在寺庙中的学校，着重科学技术教育，具体的教学内容包括天文学、数学、建筑学、水利学、医学等。

（3）职官学校：培养能从事某种专项工作的官员，主要进行普通文化课程及专门职业教育，一般是以吏为师。

（4）文士学校：培养能熟练运用文字从事书写和计算工作的人，其中书写最受重视。

2. 古印度教育

古印度的四种种姓有婆罗门、刹帝利、吠舍、首陀罗。公元前6世纪以前的印度教育称为婆罗门教育，公元前5世纪左右的印度教育称为佛教教育。

3. 婆罗门教育

婆罗门教育阶级严格，以家庭教育为主，具有私立性、贵族性，通称"古儒学校"，是办在家庭中的婆罗门学校。

在公元前8世纪以后出现于古印度的婆罗门学校中，教师被称为古儒。

4. 文明古国巴比伦、埃及、印度和希伯来教育的共同特征。

文明古国有古巴比伦、古埃及、古印度和古希伯来,这些文明古国都有自己的特色学校,如古巴比伦的泥板书舍,古印度的婆罗门教育等。这些文明古国的教育共同体现在:

(1)教育性质上:教育有强烈的阶级性和等级性。比如古印度的婆罗门阶级严格,家庭教育为主,具有明显的等级性、贵族性。

(2)教育内容上:以朴素形态的科学知识、文字书写和宗教知识为主要的学习内容,初步形成较为丰富的教学内容体系。文明古国的教育包括智育、德育和宗教等。比如古埃及的僧侣学校,设在寺庙中,主要进行科学技术教育(天文学、数学、建筑学、水利学、医学等)。

(3)教学方法上:实施个别教学,盛行体罚,教学方法较为简单,尚未形成正规的教学组织形式。

(4)教师地位上:相对于古代西方的现实而言,教师具有较高的社会地位。

(5)教育机构上:种类繁多,比如古代埃及的学校就分为四种类型——宫廷学校、僧侣学校、职官学校、文士学校。

第二章 古希腊教育

一、重要名词及选择题考点

1. 学园

学园是由古希腊哲学家柏拉图创办的第一所西方高等教育学府。在学园中开展广泛的教学活动,培养各类人才,园里不仅提供哲学、政治、法律等方面的教育,对自然科学尤为重视。

2. 智者派

(1)在公元前5世纪后期,"智者"专指以收费授徒为职业的巡回讲师。

(2)"智者派"的特征是相对主义、个人主义、感觉主义和怀疑主义。

(3)培养目标是教人学会从事政治活动的本领,即训练公民和政治家。

(4)智者派的贡献有:各地云游讲学广泛传播知识;丰富了教学内容;标志着教育工作已经开始职业化;首先确定了"七艺"中的"前三艺",即文法、修辞学和辩证法;促进了希腊教育实践和教育思想的发展。

3. 苏格拉底法

苏格拉底法又称为"产婆术",由讥讽、助产术、归纳、定义组成。

(1)讥讽是对对方的发言不断提出追问,迫使对方自陷矛盾,无言以对,承认自己的无知。

(2)助产术指帮助对方自己得到问题的答案。

(3)归纳是从各种具体事物中找到事物的共性、本质,通过对具体事物的比较寻求"一般"。

(4)定义是把个别事物归入一般概念,得到事物的普遍概念。苏格拉底法遵循的原则是从具体到抽象,从个别到一般,从已知到未知。

苏格拉底法注重启发式教育,对于调动学生的积极性、主动性,提升学生自主思考的能力具有重要意义。

4."七艺"

"七艺"是指智者派提出的"三艺"和柏拉图提出的"四艺",前者指文法、修辞学和辩证法,后者包括算术、几何、天文和音乐。

5.《理想国》

《理想国》是柏拉图的著作。同《爱弥儿》《民主主义与教育》一起被誉为西方教育史上三大里程碑式著作。

(1)书中柏拉图将人分为三等:哲学王、军人、手工业者。

(2)提出的教育体系是儿童公有公育。

(3)主张儿童20岁之前学习体育、算数、几何、天文、音乐;20岁时进行第一次筛选,看是否有辩证法的天赋;30岁时,对第一次选出来的人进行第二次筛选,选出来的人学习5年辩证法;35岁时放到实际工作中进行锻炼;50岁时合格,成为哲学王,管理国家,继续研究哲学。

(4)《理想国》中:重视儿童早期教育;提倡男女平等;最早提出"寓游戏于学习";确立"算术、几何、天文、音乐"为后"四艺";最早提出考试作为选拔人才的手段;拒绝翻新体育和音乐。

二、论述题

1. 简述斯巴达教育的特点。
2. 对比雅典教育和斯巴达教育的异同。

》》》 **论述题参考答案**

1. 简述斯巴达教育的特点。

(1)环境。

① 地理环境:斯巴达地区北部为山,南部为沼泽,处于平原区,土壤肥沃,但没有适宜的港湾,较为封闭。

② 社会环境:在社会等级制度上,斯巴达人为入侵者,人数较少,

却管理着当地的土著居民和工商业者。

（2）教育管理。

在教育管理上，斯巴达的教育完全由国家控制。

（3）教育阶段。

① 斯巴达人在出生时，会进行严格的体检，7岁之前进行家庭教育。

② 斯巴达人在7~18岁时，进入国家教育机构，开始军营生活。斯巴达教育的主要任务是为了让斯巴达人形成健康的体魄、顽强的意志和勇敢、坚韧、顺从、爱国的品质。斯巴达教育的主要内容是"五项竞技"（赛跑、跳跃、摔跤、掷铁饼、投标枪）。

③ 公民子弟在18岁后进入青年军事训练团。

④ 年满20岁的公民子弟开始接受实战训练。

⑤ 到30岁，正式获得公民资格。

（4）教育特点。

注重培养战士，重视体育，重视女子教育。

2. 对比雅典教育和斯巴达教育的异同。

古风时期的希腊教育主要以城邦为主。其中，斯巴达和雅典的教育既有共同点，又有不同之处。

（1）斯巴达和雅典教育的共同点。

1）在教育管理上，都主张由国家对教育进行控制和管理。

2）在教育内容上，都十分注重体育的作用。

3）在教育阶段上，都注重对刚出生的孩子进行体格检查。

4）在受教育权上，都排斥对奴隶和非公民的教育。

（2）斯巴达和雅典教育的不同之处。

尽管斯巴达和雅典教育有共同点，但是因为不同的地理和社会环境，所以其教育的不同点更为突出。在地理环境上，斯巴达地区北部为山，南部为沼泽，处于平原区，土壤肥沃，但没有适宜的港湾，较为封闭；在社会等级制度上，斯巴达人为入侵者，人数较少，却管理着当地的土著居民和工商业者。雅典则三面临海，航海和商业发达；在社会等级制度上，雅典进行民主改革，实行民主制度。这样的地理和社会环境导致其教育中的不同之处。主要表现在：

① 在教育体制上，斯巴达的教育完全由城邦负责；雅典注重教育，但不绝对控制。

② 在教育类别上，斯巴达进行的是武士教育；雅典进行的是和谐教育、文雅教育。

③ 在教育目的上，斯巴达以培养勇敢的军人为目的；雅典以培养身心和谐发展的合格公民为目的。

④ 在教学方法上，斯巴达注重刻苦训练、机械服从；雅典注重启发诱导、理解服从。

⑤ 在女子教育上，斯巴达非常重视女子教育，因为女子要承担保卫城邦的重任；雅典则不太重视女子教育。

综上，斯巴达的教育形式单一，程度较低，而雅典的教育形式多样，程度较高。

第三章 古罗马教育

 重要名词及选择题考点

1. 西塞罗

西塞罗是古罗马著名的教育家,其教育思想主要体现在其著作《论雄辩家》之中。

(1)就教育目的而言,西塞罗主张培养雄辩家。

(2)就教育内容而言,西塞罗强调广博的知识、修辞学方面特殊的修养、优美的举止和文雅的风度。

(3)就培养方法而言,西塞罗主张通过诸如模拟演讲、练习写作等方法来培养雄辩家。

2. 昆体良

昆体良是公元1世纪古罗马最有成就的教育家,其代表作为《雄辩术原理》。昆体良的教育思想主要包括:

(1)德行是雄辩家的首要品质。

昆体良指出,教育目的是培养善良而精于雄辩术的人。善良是第一位的,在雄辩术上达到完美境界则处在第二位。

(2)学校教育优于家庭教育。

学校教育可以起到激励学生的作用,好的行为对儿童是一种鞭策,错误行为对儿童是一种警戒。学校能为儿童提供多方面的知识,还能养成儿童适应社会公共生活的习惯和参与社会活动的能力。

(3)论学前教育。

昆体良十分重视学前教育,认为应在幼儿说话的前后就进行智育,他在教育史上首次提出了双语教育问题。同时,他认为教育方法也很重要,"最紧要的是要特别当心不要让儿童还不能热爱学习的时候就厌恶学习"。

（4）教学理论。

① 班级授课制思想的萌芽。昆体良主张把儿童分成班级，依照他们每个人的能力，指定他们依次发言。

② 主张专业教育应建立在广博的普通知识基础上。

③ 主张启发诱导和提问解答的教学方法。

（5）对教师的要求。

昆体良主张教师应该德才兼备、宽严相济、有耐心、懂得教学艺术、因材施教。

第四章 西欧中世纪教育

一、重要名词及选择题考点

1. 骑士教育

骑士教育是世俗奴隶主子弟所受的教育，它同时也是一种培养为世俗封建主服务的、保护封建制度的武夫的教育。

（1）七八岁之前，为家庭教育阶段。

（2）七八岁以后，进入礼文教育阶段，贵族之家按其等级将儿子送入高一级贵族的家中充当侍童，侍奉主人和贵妇。

（3）14岁至21岁为侍从教育阶段，重点是学习"骑士七技"，即骑马、游泳、投枪、击剑、打猎、弈棋和吟诗；同时要侍奉主人和贵妇。

（4）年满21岁时，通过授职典礼，正式获得骑士称号。

骑士教育是一种典型的武夫教育，重在灌输服从与效忠的思想观念，目的是为统治者培养阶级守卫者。

2. 城市学校

城市学校不是一所学校的名称，而是西欧中世纪为新兴市民阶层子弟开办的学校的总称，包含不同种类、规模的学校。例如，由手工业行会开办的学校称为行会学校。城市学校的特点包括：

（1）在领导权上，最初的城市学校由行会和商会开办，但是随着城市的发展，城市学校逐渐由市政当局接管。

（2）在归属上，尽管与教会还有联系，如不少教师仍是僧侣，课程内容仍有不少宗教知识，但它基本上属于世俗性质，打破了教会对学校教育的垄断。

（3）在内容上，强调世俗知识，特别是读、写、算的基础知识和与商业、手工业活动有关的各科知识的学习。

二、论述题

论述中世纪大学。

>>> 论述题参考答案

论述中世纪大学。

（1）中世纪大学的特征。

随着西欧社会的稳定，农业手工业的发展，经济的复苏和城市的复兴、市民阶层的兴起，中世纪大学逐渐形成和发展。著名的大学有意大利的萨莱诺大学、波隆那大学，法国的巴黎大学，英国的牛津大学和剑桥大学等。中世纪大学是一种自治的教授和学习中心。一般由一名或数名在某一领域中有声望的学者和追随者组织，形成类似于行会的团体进行教学和知识交易。中世纪大学的目的是进行职业训练，培养专门人才。主要分为文、法、神、医四科。中世纪大学是西欧社会发展到特定阶段的产物。

中世纪大学的特征如下：

① 国际性：中世纪大学的出现打破了教会对教育的垄断，促进了教育的普及；中世纪大学也是现代大学的雏形，其自由自治的传统影响深远。

② 自治特点：利用教会、世俗政权之间的矛盾为自己争取到不少特权，比如，大学师生免税、免兵役。

③ 大学内部有同乡会和教授会等。

④ 学校课程有专门学位制度。

⑤ 在类型上分为学生大学和先生大学：学生大学主要包括意大利的大学、西班牙的大学等；先生大学主要有巴黎大学和北欧一些学校。

（2）中世纪大学的地位。

中世纪大学的兴起是教育史上的一件大事，具有深远的历史意义。中世纪大学是西欧社会开始走向繁荣昌盛在文化上的初步表现，是当时社会进步的缩影,大学的发展又大大地推动了社会的前进。

中世纪大学虽然还不是近代学制中初等教育、中等教育之上的高等教育阶段,但为近代大学的创设打下了基础,创造了条件。大学的成立促进了文艺复兴时期中等教育的发展,加上宗教改革时期所诞生的国民教育及其后学者倡导的幼儿园教育,欧洲的学校教育才渐成体系。这种由上往下发展的体系是大学首"奠"其"基"的,正如恩格斯所言:"因为有了大学,所以一般教育,即使还很坏,却普及得多了。"

① 中世纪大学不仅为当时各领域的学者提供了活动的舞台,而且成为培育新的一代学者的苗圃。学者们不但担负起保存文化、传递文化的责任,而且担负起发展、创造文化的重担。此外,大学也培养了一批杰出的学者,他们站在时代的前沿,大大推进了人类社会前进的步伐。

② 大学的建立打破了教会垄断教育的局面,政府开始兴办教育,关心教育事业。在政府与教会的权力争战中,大学成为自由研究学问的场所,学者们正视社会现实,敢于批判教会与政府,大学教师成为既非附属于教会亦不听命于政府的独立人士,大学与政府、教会大有三足鼎立之势。因此,大学成为反权威的庇护所,成为裁决政教纷争的前哨站。

③ 中世纪大学的"国际性"色彩相当浓厚,跨国界的性格长盛不衰。14世纪的欧洲在学术研究上有其一统性,有其共通语言(拉丁语),共同的宗教(基督教)。教师和学生可以自由地云游四方,从波隆那到巴黎,从巴黎到牛津,讨论问题,探讨知识,交流心得。中世纪大学跨国界的性格不仅利于知识的普及与交流,而且利于国与国之间相互接触,人与人之间的相互了解。现在,大学教育国际化已成为世界性趋势,大学把自己置身于世界大学之林,大学向四海之内的学人开放已成为世界潮流。

④ 中世纪大学培养了不少人才,这些人才大多成为日益发展中的中等学校的教师,解决了中等学校师资短缺之虞,由此促进了中等教育的大发展。

此外，中世纪大学制度、组织、学位、礼服等对现代大学也有很深的影响。现代大学与中世纪大学保持着密切延续性，中世纪大学为现代大学的决策者提供了有益的参照。

第五章 文艺复兴与宗教改革时期的教育

一、重要名词及选择题考点

快乐之家

快乐之家是由意大利人文主义教育家维多里诺创办的一种宫廷学校。学校校址环境优美,校风淳朴自然,师生关系融洽,学生的生活与学习过程充满快乐。

(1) 在课程设置方面,快乐之家开设了骑马、击剑、游泳等课程;在智育方面,不仅教授自然科学知识,而且把古典语文作为教学的中心。

(2) 在师生关系方面,通过爱的情感去启发引导学生,以形成高尚的道德情操。

(3) 在教学方法方面,反对机械背诵,提倡运用直观教具,从而启发儿童的学习兴趣和主动性,发展其个性。

(4) 在教育史上,维多利诺被称为"仁爱之父"和"第一个新式学校的教师";快乐之家也被称为"行乐园"。

二、论述题

1. 简述文艺复兴时期的人文主义、新教教育和天主教教育之间的联系、区别和影响。
2. 论述文艺复兴时期人文教育的特点和贡献。

》》》 论述题参考答案

1. 简述文艺复兴时期的人文主义、新教教育和天主教教育之间的联系、区别和影响。

人文主义教育、新教教育、天主教教育这三种教育势力之间,既有相互冲突的方面，也有相互融会吸收的方面。

（1）三者的区别。

① 在对宗教改革的态度上：人文主义教育、天主教教育都主张实行不流血的改革，反对宗教改革。

② 在对宗教教育的态度上：新教教育与天主教教育都属于宗教教育，反对人文主义教育中的异教因素。

③ 在教育的阶级性上：人文主义教育和天主教教育具有贵族性，而新教教育具有群众性和普及性。

④ 在服务目的上：服务的目的不同是三者的根本差异。教育在新教和天主教中作为一种宗教的工具被利用。古典人文主义教育主要作为一种技术性语言工具被利用。

（2）三者的联系。

① 都很重视古典人文学科，以人文学科为学校课程的主干。

② 都信仰上帝，具有宗教性。

③ 教育的世俗性增强。

（3）影响。

① 持续不断的宗教冲突，尤其是宗教战争，给欧洲社会带来了极大的破坏，也给教育带来了厄运，教育饱受摧残，长时间难以复苏。但宗教冲突使得冲突的参与者认识到，持续的冲突和战争对哪一方都无益处，唯一的出路就是走向宗教宽容。

② 政府对宗教持中立态度标志着国家世俗权力的加强，意味着世俗权力和宗教权力的分离，预示着政教分离原则的最后胜利。这对教育而言则意味着教育势必要成为一种民族的教育，一种由国家控制领导权的教育，一种避免宗教争端的世俗性、公共性的教育。

2. 论述文艺复兴时期人文教育的特点和贡献。

（1）人文主义教育的特点。

人文主义教育以人本主义为核心，有其独特之处，主要表现在：

① 人本主义：注重个性发展，反对禁欲主义，尊重儿童天性。

② 古典主义：主张复兴古希腊、古罗马的文化，注重古典课程的学习。

③ 世俗性：更为关注今生而非来世。

④ 宗教性：抨击天主教会的弊端，但是不反对宗教。

⑤ 贵族性：教育对象多为上层子弟，教育形式多为宫廷教育和家庭教育，而非大众教育，目的是培养上层人士。

综上可见，人文主义教育是进步性与落后性并存的，它开启了欧洲近代教育的先河。

（2）人主主义教育的贡献。

① 促进教育内容发生变化。对古希腊、古罗马的热情使其知识和学科成为教学的主要内容，使得美育和体育复兴并关注自然知识的学习。

② 促使教育职能发生变化。从训练、束缚自己服从上帝到使人更好地欣赏、创造和履行所赋予人的职责。

③ 促进教育价值观发生变化。重新发现人，重新确立了人的地位，强调人性的高贵，复兴了古希腊的个人主义价值观。

④ 复兴了古典的教育理想。形成了全面和谐发展的完人的教育观念，从中世纪培养教士的目标转向文艺复兴培养绅士的目标。

⑤ 复兴了自由教育的传统。教育推崇理性，复兴古希腊的自由教育。

⑥ 兴起了自然主义教育思想。尊重受教育者的兴趣、爱好、欲望和天性，出现了直观、游戏、野外活动等教育的新方法。

⑦ 出现了新道德教育观。以原罪论为中心的道德教育已开始解体，人道主义、乐观、积极向上、热爱自由、追求平等和合理的享乐等新的道德观在人文主义的学校中开始取代天主教会的道德观。

第六章
欧美主要国家和日本的教育发展

一、重要名词及选择题考点

1. 公学

公学是 17、18 世纪英国主要的中等教育形式之一。公学是由公众团体集资兴办,在公共场所进行,以培养一般公职人员为主要目的的学校。

公学以升学教育为宗旨,注重古典语言的学习,学生毕业后一般升入牛津大学、剑桥大学。公学与一般的文法学校相比,师资及设施条件更好、收费更高,是典型的贵族学校,一般为私立性质。著名的有伊顿、圣保罗等九大公学。

2. 贝尔—兰卡斯特制

贝尔—兰卡斯特制又称导生制,由英国传教士贝尔和兰卡斯特所创。导生制的出现是与英国的初等教育情况密切相关的。

(1) 19 世纪上半期,英国初等教育仍主要由宗教团体和慈善机构办理,教育质量低下,学校数量与入学人数严重不足,发展初等教育的师资也极为欠缺。

(2) 导生制应运而生,具体实施方式是:教师在学生中选择一些年龄较大、学习成绩较好的学生充任导生,教师对导生进行教学,然后由他们去教其他学生。

(3) 运用这种方法,可使学生的数额大大增加,因而一度广受欢迎,但因其难以保证教育质量而最终被人们所抛弃。

3. 1870 年《初等教育法》

为适应 19 世纪下半叶英国工业革命及与其他国家开展经济竞争的需要,英国政府于 1870 年颁布了《初等教育法》,也称《福斯特法案》。

其主要内容如下：

（1）规定国家对教育享有补助权与监督权。

（2）设立学校委员会管理地方教育。

（3）对5~12岁儿童实施强迫性初等教育。

（4）承认以前各派教会所兴办或管理的学校为国家教育机关，允许私人办学。

（5）学校里的普通教学与宗教分离，凡公款补助的学校不许强迫学生上宗教课。

《初等教育法》的颁布与实施加速了英国初等教育的发展，标志着英国的初等国民教育制度正式形成。到1900年，英国基本普及了初等教育。

4.《费里教育法》

1881年和1882年，法国教育部部长费里先后提出《第一费里法案》和《第二费里法案》（统称为《费里法案》），确立了法国教育义务、免费、世俗化的基本原则。

（1）义务：6~13岁为法定义务教育阶段，接受家庭教育的儿童须自第三年起每年到学校接受一次考试检查，对不送子女入学的家长予以惩罚。

（2）免费：免除公立幼儿园及初等学校的学杂费，免除师范学校的学费和食宿费。

（3）世俗化：取消公立学校的宗教课，改设道德课和公民课，牧师不再担任学校教师。

5. 绅士教育

绅士教育是由英国著名哲学家、教育家洛克在其著作《教育漫话》中所提出的理论观点。

（1）绅士教育的目标是培养身体健康、精神健全的各种社会活动家和企业家，即绅士。洛克提出，绅士应当具备德行、智慧、礼仪和学问四种品质。这反映了英国社会近代化过程中的一种对精英人才的需求，是英国资产阶级新贵族的教育理想，也成为当时公学教育教学的主导理念。

（2）"绅士教育"的主题思想为：绅士要既有贵族的风度，能活跃于上流社会和政治舞台，又有事业家的进取精神，是发展资产阶级经济的实干人才；绅士应受体育、德育和智育等方面的教育。

6. 白板说

"白板说"是洛克提出的天性论。洛克认为，人出生后的心灵如同一块白板，理性和知识都是通过人的感官和经验获得的。因此，教育在人的形成过程中具有重要作用。

洛克的"白板说"表明了他是经验主义认识论的代表。但是他同时也认为，五官的感觉只能了解物体的部分性质，只有通过"内心反省"才能使人了解复杂的概念。这种不彻底的经验主义认识论，构成了洛克教育思想的出发点。

7. 斯宾塞的科学教育思想

斯宾塞提出了"什么知识最有价值"的命题，并指出了最有价值的标准不在于知识本身是否含有价值，而在于它们的比较价值，比较的尺度在于各类知识与生活、生产和个人发展的关系。在这样的思维框架下，他将人的活动分为五种，并按照这些活动对人生的重要程度，将其依次排列为：① 直接保全自己的活动；② 间接保全自己的活动；③ 抚养、教育子女的活动；④ 社会政治活动；⑤ 闲暇爱好和情感活动。

斯宾塞依据上述五种活动，提出了五种课程体系：

第一，生理学和解剖学。这是关于阐述生命和健康规律，以便直接保全自己的知识。

第二，逻辑学、数学、力学、化学、天文学、地质学、生物学和社会科学。这属于间接保全自己的知识，是文明生活得以维持的基础知识。

第三，心理学和教育学。这是履行父母责任必须掌握的知识。

第四，历史学。这有助于人们调节自己的行为，成功履行公民的职责。

第五，文学和艺术。这些是"为了欣赏自然、文学、艺术的各种形式做准备"的科目。作用是满足人们闲暇时休息、娱乐的需要。

8. 法国中央集权式教育管理体制

为牢固掌握教育管理权，拿破仑授意颁布了各种教育法令，如《关于创办帝国大学及其全体成员的专门职责的法令》（1806年5月）、《关于帝国大学组织的政令》（1808年3月）、《关于帝国大学条例的政令》（1808年9月）等，这些教育法令规定：

（1）以帝国大学的名义建立专门负责整个帝国公共教育管理事务的团体。

（2）帝国大学总监为最高教育管理长官，具体负责学校的开办、取缔，教职人员任免、提升与罢黜等事宜。

（3）帝国大学下设由30人组成的评议会，协助总监管理全国教育事务；全国共划分为29个大学区，每个大学区设总长1人，并设由10人组成的学区评议会。

（4）开办任何学校或教育机构必须得到国家的批准。

（5）一切公立学校的教师都是国家的官吏。

9. 泛爱学校

"泛爱学校"的创始人是巴西多，它是在夸美纽斯和法国启蒙学者的教育思想影响下出现的新式学校。学校采用"适应自然"的教学方式，入学的贵族子女一律改穿简单活泼的儿童服装，还儿童以本来面目。教学中注重直观，儿童常在游戏、表演、诵读、交谈、心算等活动中学习。学习的内容十分广泛，本族语和实科知识占重要地位。

10. 实科中学

实科中学与文科中学相对，德国的实科教育因工商业的发展和城市生活的日渐丰富而走在欧洲各国的前列。弗兰克于1695年在哈勒开办了一所国民学校，以实科内容和直观方法施教并给贫家子弟免费提供教材，此后又设立科学学校、诊所、印刷厂、师范学校及文科中学等。1708年，席姆勒创办了数学、机械学、经济学实科学校。1747年赫克建立了类似的学校，所开设的实科课程更为广泛，影响更大。

11. 德国新大学运动

在高等教育方面，德国创办了哈勒大学和哥廷根大学，出现了"新大学运动"。1694建立的哈勒大学，是欧洲第一所新式大学。新大学的特征之一是积极吸收最新的哲学和科学研究成果，排除宗教教条。哈勒大学的又一特色是提倡"教自由"和"学自由"哥廷根大学于1737年建立，进一步注重科学研究，设有藏书丰富的图书馆和各种研究所。

12. 公立学校运动

公立学校运动是19世纪由贺拉斯·曼和巴纳德等人在美国初等教育领域所发起的运动。

第一，建立地方税收制度，兴办公立学校。通过地方税收制度的建立，为公立学校的创办和运行提供必要的经费支持。

第二，实行强迫入学。1852年，马萨诸塞州第一个颁布义务教育法，规定8~12岁儿童每年必须入学学习12周。

第三，免费教育。公立学校运动认为义务教育阶段应对所有符合规定的学龄儿童实行免费教育。

公立和免费原则的实行，为更多人提供了接受中等教育的机会。公立学校运动还扩展到中学。

13.《赠地法案》

1862年，林肯总统批准实施《赠地法案》（也称《莫里法案》《莫雷尔法案》）。

（1）该法案规定，联邦政府根据各州在国会的议员人数，按每位议员三万英亩的标准向各州拨赠土地，各州应将赠地收入用于开办或资助农业和机械工艺学院。

（2）利用这笔拨赠，大多数州专门创办了农业或机械工艺学院，有的州则在已有大学内附设农业或机械工艺学院。这在很大程度上推动了农工教育的开展，开启了高等教育为社会服务的先河。

14. 明治维新

明治维新是19世纪60—90年代日本的改革运动，实施"文明开化"的指导思想。

（1）教育领导体制：设立大学院和大学区制；设立文部省，颁布教育改革法令——《学制令》，发展近代资产阶级性质的义务教育。

（2）翻译西方书籍：提倡学习西方社会文化及习惯，翻译西方著作。

（3）教育机关颁布《教育敕语》：灌输武士道、忠君爱国等思想。

（4）发展留学教育：选派留学生到英、美、法、德等先进国家留学。

 论述题

对比蔡元培和洪堡的教育思想。

>>> 论述题参考答案

对比蔡元培和洪堡的教育思想。

洪堡与蔡元培分别是德国和中国历史上著名的教育家和改革家，他们都对两国大学的发展做出了卓越的贡献，深深地影响了两国教育现代化的进程。比较和分析两者的大学观、人才培养观、科研观、办学观，通过认识到其中的优点和不足有助于我们更加全面地了解、学习和借鉴他们的思想。

（1）大学观。

①洪堡认为，首先，大学是一个享有一定自治和自由的探索高深学问的学者的社团。其次，大学是带有研究性质的高等学术机构，是学术机构的顶峰。最后，大学是受到国家保护但又享受完全自主地位的学术机构。

②蔡元培在《就任北京大学校长之演说》中提出了他的大学理想："大学者，研究高深学问者也。"他认为，大学是研究高深学问的场所，不是养成资格、贩卖文凭的地方，更不是升官发财的阶梯。

③在大学观上，洪堡和蔡元培都将大学看作研究学问的机构。认为学生应该充分利用大学的资源致力于科学研究，在科研中培养学习兴趣，提高自主分析能力，发挥创新精神和创造能力，完善人格，升华人性。

（2）人才培养观。

①洪堡将教育目的表述为：培养"完全的人"或"全面发展的人"。洪堡所指的"完人"，即有修养的人，一个人格完善、个性和谐的人，拥有"永恒不变的理智和至上至善"的人。

②蔡元培将培养目标论述为完全人格或"健全人格"的培养。首先，完全人格是指人在德、智、体、美各方面的和谐发展。其次，完全人

格包括三个方面：认知、情感和意志。要形成完全人格，三者缺一不可。

③ 简而言之，蔡元培认为教育的目的是使学生在道德、智慧、身体、审美和世界观上和谐发展，完善他们的人格，促进个性与群性的全面发展。可以看出，洪堡和蔡元培都主张培养和谐发展的"完人"。

但是两者论述的角度又是不一样的。洪堡是基于个人本位的角度，更加关注人内在精神世界的发展。蔡元培则是基于个人利益与国家利益相统一的角度，在他看来，培养具有健全人格的"完人"是国家繁荣兴盛的前提。

（3）科研观。

① 洪堡提出，教学应该与科研相结合。他反对传统大学只注重知识的传授，认为大学应该专注于学术研究和追求真理，而不是教学和考试。

② 蔡元培也强调了学术的非功利性，他认为大学是研究纯粹学问的地方，大学的任务在于创新知识、学术研究，而不是实现学生的功利性目的。同时他认为教师如果在学校中没有从事科学研究，难免会陷入照本宣科、不思进取的状态。

（4）办学观。

① 洪堡认为，大学应该摆脱政府的不恰当干预，保持自己的独立性和自主性，有自己的目标追求。柏林大学拥有充分的自治权，教师除了可以进行自由的学术研究之外，还可以自由选择教学内容和方法。学生也享有充分的学习自由，可以自由选择科目、教师和转学。

② 与洪堡"学术自由"的主张相似的是，蔡元培提出了"思想自由，兼容并包"的办学原则。他认为，大学应该广泛接受来自世界各地的人才。

与洪堡的不同之处在于，在大学与政党的关系上，为了实现教育的真正独立，蔡元培还制定了教育经费独立、教育行政独立、教育学术和内容独立、教育脱离宗教而独立等具体措施。

综上所述，洪堡和蔡元培的教育观点与理念都给我们当今的教育带来了许多启示，他们在历史上的功绩更是数不胜数，但是在他们的功绩背后仍然存在着一些时代局限。我们需要结合当前的实际情况，对教育的发展和改革做出理性的判断，才能使我国的大学理念日臻成熟和完善，从而推动我国大学不断向前发展。

第七章 欧美近代教育思想的发展

一、重要名词及选择题考点

1. "泛智"教育

17世纪,捷克教育家夸美纽斯提出的"泛智主义"教育观,主张"将一切事物教给一切人"。

人自身具有接受教育的先天条件,知识和道德的种子在人的身上。教育具有改造社会和塑造人的重大作用,社会和人的进步离不开教育。

为此,帝王和官吏应为民众兴办学校,民众应劝说当权者兴办学校,学者和神学家们应促成普及教育事业,教育工作者应积极投身教育实践。

(1) 积极意义:夸美纽斯普及教育的观点受莫尔和路德的影响,内涵十分丰富。

(2) 局限性:夸美纽斯主张男女接受教育的程度不同,不同阶级的人接受教育的目的不同,具有局限性。

2. 卢梭消极教育

消极教育实际上就是与传统的教育相反,把成人、教师在教育中的中心位置让位于儿童的自主发展;儿童不再是被动受教,教师不再是主宰一切。可见,卢梭的"回归自然"的主张确实是教育史上哥白尼式的革命,带来了儿童观、教育观翻天覆地的变化。

3. 教育心理学化

裴斯泰洛齐是教育史上第一个明确提出"教育心理学化"的教育家。将教育的目的和教育的理论指导置于儿童本性发展的自然法则的基础上。必须使教学内容的选择和编制适合儿童的学习心理规律,即教学内容心理学化。教学原则和教学方法心理学化,让儿童成为自己的教育者。

4. 要素教育

裴斯泰洛齐认为，德育的基本要素是儿童对母亲的爱。裴斯泰洛齐把数目、形状和语言确定为教学的基本要素。裴斯泰洛齐指出，体育的基本要素是关节活动。

5. 初等学校各科教学法

语言教学的三阶段：发音教学、单词教学、语言教学。裴斯泰洛齐认为，数字"1"是数目的最简单要素，而计数是算术能力的要素。直线是构成各种形状的最简单的要素。

6. 赫尔巴特教育性教学原则

赫尔巴特依据其对心理学和伦理学的广泛研究，认为知识与道德具有直接的和内在的联系。人只有认识了道德规范，才能产生服从道德规范的意志，从而形成符合道德规范的行为。因此他提出了教育性教学原则，主张"不存在无教学的教育，反过来，不承认任何无教育的教学"。

（1）教学是道德教育的基本途径。

道德教育是通过，而且只有通过教学才能真正产生实际作用，教学是道德教育的基本途径。

（2）教学的目的。

教学的目的与整个教育的目的保持一致，教学的最高目的在于养成德行。为了实现这个最终的目的，教学还必须为自己设立一个近期的、较为直接的目的，这个目的就是发展多方面的兴趣。

7. 恩物

恩物是福禄培尔创制的一套供儿童使用的教学用品。他认为，恩物的教育价值就在于帮助儿童认识自然及其内在规律。恩物作为自然的象征，能帮助儿童由易到难，由简到繁，循序渐进地认识自然。

二、论述题

1. 简述卢梭的自然教育思想。
2. 简述赫尔巴特课程论的内容及启示。

3. 论述兴趣在赫尔巴特教育思想中的体现。
4. 论述裴斯泰洛奇的"教育心理学化"思想。
5. 教育适应自然原则在卢梭、裴斯泰洛齐、福禄培尔思想中的不同发展。

论述题参考答案

1. 简述卢梭的自然教育思想。

卢梭的自然主义教育理论集中表现在他的著作《爱弥儿》中。

（1）自然主义教育理论的基本含义。

① 主张回归自然，15 岁之前的教育必须在远离城市的农村中进行。

② 每个人都是由自然的教育、事物的教育、人为的教育三者培养起来的。三种教育结合才能培育好人。因为自然的教育不受人的控制，所以事物的教育和人为的教育需要符合自然的教育。

（2）自然主义教育的目标。

卢梭自然主义教育的目标是培养自然人。自然人的特征是独立自主、平等、自由、自食其力。

（3）自然教育的方法原则。

① 正确认识儿童，把孩子看作孩子。孩子不是等待管教的奴仆，也不是成人的玩物。

② 实行消极教育，遵循自然天性的教育。

③ 主张因材施教。

（4）消极教育。

消极教育指的是教育应该遵循儿童的自然天性，尊重儿童的主动地位，反对灌输和强迫。教师需要创造学习环境，防范不良影响。

但是消极教育不等于不教育，不等于教师什么都不做，不等于放任自流的教育，消极教育强调的是成人的不干预、不灌输、不压制，儿童遵循自然、率性发展，消极教育的依据是人性本善。

（5）女子教育。

卢梭主张，女子教育主要是为了培养贤妻良母。

（6）自然主义教育思想的实施。

卢梭将自然主义教育的实施分为四个阶段：婴儿期主张儿童自由

活动，以身体的养育和锻炼为主；儿童期又称"理性的休眠期"，主张锻炼感官，继续体育，不可以进行理性教育；青年期将培养学习的兴趣能力放在学习首位，主张在活动中学习；青春期进行宗教教育、爱情教育和性教育。

2. 简述赫尔巴特课程论的内容及启示。

赫尔巴特认为课程的设置要考虑以下方面的因素：

（1）经验、兴趣与课程。

课程内容的选择必须与儿童的经验和兴趣相一致，只有与儿童经验相联系的内容，才能引起儿童的兴趣。赫尔巴特将兴趣分为两类，主张依兴趣的分类设置课程。

① 经验的兴趣。经验的兴趣对应的课程：自然、物理、化学、地理等；思辨的兴趣对应的课程：数学、逻辑、文法等；审美的兴趣对应的课程：文学、绘画等。

② 同情的兴趣。具体包括同情的、社会的、宗教的兴趣；同情的兴趣对应的课程：外国语、本国语等；社会的兴趣对应的课程：历史、政治、法律等；宗教的兴趣对应的课程：神学等。

（2）统觉与课程。

① 相关原则：学校不同课程的安排应当相互影响、相互联系。

② 集中原则：在学校的所有课程中，选择一门科目作为学习的中心，其他科目作为学习和理解它的手段，历史和数学是所有科目的中心。

（3）儿童发展与课程。

文化纪元理论是儿童发展与课程设计的基础。以此为基础，赫尔巴特深入探讨了儿童的年龄分期。

① 婴儿期：0~3岁，相当于人类历史的早期，对身体的养护大于一切；

② 幼儿期：4~8岁，相当于人类历史的想象期，教学内容以《荷马史诗》为主；

③ 童年期：主要学习任务是教授数学；

④ 青年期：主要学习任务是教授历史。

（4）赫尔巴特课程论的启示。

① 根据兴趣设置广泛的课程内容。课程内容的选择必须与儿童的经验和兴趣相一致，只有与儿童经验相联系的内容，才能引起儿童的兴趣。

② 在进行课程改革的过程中，必须以间接经验的学习为主，以学生的直接经验为基础。

③ 学校在进行课程安排时必须遵循相关与集中原则。学校不同课程的安排应当相互影响、相互联系。在学校的所有课程中，选择一门科目作为学习的中心，其他科目作为学习和理解它的手段。

④ 以儿童发展以及文化发展为课程设计的基础，匹配发展时期有的放矢地进行针对性的教育，提高课程内容的时效性。

3. 论述兴趣在赫尔巴特教育思想中的体现。

（1）赫尔巴特的兴趣观。

兴趣是一种将思维的对象保留在意识中的内心力量，是一种智力活动的特性，并具有道德的力量。赫尔巴特把人类所具有的多方面兴趣分为两类：经验类的兴趣和同情类的兴趣，把兴趣活动分为四个阶段：注意、期待、探求和行动。

（2）兴趣观在其教育理论体系中的作用。

① 兴趣是统觉的条件：兴趣可以是意识阈中的观念处于高度活跃的状态。

② 兴趣是教育的目的：教育所要达到的基本目的可分为两种，即"可能的目的"和"必要的目的"。所谓"可能的目的"，是指与儿童未来所从事的职业相关的目的，这个目的是要发展多方面的兴趣，使人的各种潜力得到和谐发展。"必要的目的"是指教育所要达到的最高和最为基本的目的，即道德，这个目的就是要养成内心自由、完善、仁慈、正义和公平五种道德观念。培养儿童多方面的兴趣是赫尔巴特为教学所确立的直接的、近期的目的，教学又是实现道德教育目的的基本手段。

③ 兴趣观是赫尔巴特设置课程的基本依据之一。课程内容的选择和编制应该与儿童的兴趣保持一致。赫尔巴特将兴趣分为经验类的兴趣和同情类的兴趣。

经验类的兴趣包括经验的、审美的、思辨的。经验的兴趣应设自然、物理、化学和地理等课程;思辨的兴趣,应设数学、逻辑和文法等课程;审美的兴趣,应设文学、绘画等课程。

同情类的兴趣包括同情的、社会的、宗教的。同情的兴趣,应设本国语、外国语等课程;社会的兴趣,应设历史、政治、法律;宗教的兴趣,应设神学等课程。

④ 兴趣观是赫尔巴特确立教学形式阶段论的重要依据。赫尔巴特从心理学角度出发,将兴趣分为四阶段:注意、期待、探求、行动。与之对应,他提出了教学形式阶段理论:明了、联合、系统、方法。在教学的明了阶段,学生的兴趣表现为注意,处于静止的专心活动,教师通过提示来使学生获得清晰的表象;在教学的联合阶段,兴趣表现为期待,教师运用分析的教学方法;在系统的教学阶段,兴趣处于探求阶段,教师运用综合的教学方法;在方法阶段,教师要求学生自己进行活动,通过练习来巩固新的知识。

4. 论述裴斯泰洛齐的"教育心理学化"思想。

在世界教育史上,裴斯泰洛齐是第一个明确提出"教育心理学化"口号和诉求的教育家。裴斯泰洛齐的教育心理学化主张:

第一,教育目的心理学化。要求将教育的目的和教育的理论指导置于儿童本性发展的自然法则的基础上。只有认真探索和遵循儿童的心理活动和心理发展规律性,才能取得应有的教育和教学效果。

第二,教育内容心理学化,使教学内容的选择和编制适合儿童的心理学习规律。

第三,教学原则和教学方法心理学化。做到这一点,首要的是使教学程序与学生的认识过程相协调。

第四,要让儿童成为他自己的教育者。

以上即为裴斯泰洛齐教育心理学化的基本主张。

5. 教育适应自然原则在卢梭、裴斯泰洛齐、福禄培尔思想中的不同发展。

教育适应自然的原则是17世纪捷克教育家夸美纽斯提出的根本性指导原则。他认为,宇宙万物和人的活动中存在普遍的法则,这些法则保证了宇宙万物的和谐发展。人的活动应该遵循这些普遍的法则,

外国教育史

依据人的自然本性和儿童年龄特征进行教育。

（1）卢梭的自然主义教育思想。

卢梭是自然主义教育思想的典型代表，他在其著作《爱弥儿》中论述了自然主义教育思想体系，从理论的完整性上深化了自然主义教育思想。

① 自然教育理论的思想基础：卢梭的人性论和感觉论。

在人性论上，卢梭主张性善论。他认为人有三心：自爱心、怜悯心、良心，如果顺其自然，就能达到高尚的道德。在感觉论上，卢梭认为，感觉是知识的来源，应重视感官训练。卢梭的观点显示了近代教育心理学化的端倪，影响了裴斯泰洛齐的思想。

② 自然主义的教育理论。

自然主义教育理论的基本含义是主张回归自然，15岁之前的教育必须在远离城市的农村中进行。每个人都由自然的教育、事物的教育、人为的教育三者培养。三种教育结合才能培育好人。因为自然的教育不受人为控制，所以事物的教育和人为的教育需要符合自然的教育。

A. 卢梭提出消极教育的主张：消极教育指的是教育应该遵循儿童的自然天性，尊重儿童的主动地位，反对灌输和强迫。教师需要创造学习环境，防范不良影响。但是消极教育不等于不教育，不等于教师什么都不做，不等于放任自流的教育，消极教育强调的是成人的不干预、不灌输、不压制，儿童遵循自然率性发展。消极教育的依据是人性本善。

B. 卢梭自然主义教育的培养目标是培养自然人。自然人的特征是独立自主、平等、自由、自食其力的人。

C. 卢梭提出自然主义教育的方法原则有：正确认识儿童，把孩子看作孩子，孩子不是等待管教的奴仆，也不是成人的玩物；实行消极教育，实行遵循自然天性的教育；主张因材施教。

D. 在女子教育上，卢梭主张女子教育主要是为了培养贤妻良母。

③ 自然主义教育理论的实施。

卢梭将自然主义教育的实施分为四个阶段，分别是婴儿期、儿童期、青年期、青春期。

卢梭的自然主义教育思想是教育界一场哥白尼式的革命，德国巴西多的泛爱学校、瑞士裴斯泰洛齐的"教育心理学化"、赫尔巴特以及杜威的教育思想都受到卢梭的影响。自此研究学生、研究儿童的号召,已经成为教育研究中的永恒课题。

(2)裴斯泰洛齐的教育心理学化思想。

裴斯泰洛齐首次提出了"教育心理学化"的口号,反对专制主义和经院主义,主张教育提高到科学的水平,进一步将自然教育思想深化。

① 教育目的心理学化:将教育的目的和教育理论指导置于儿童本性发展的自然法则的基础上。

② 教育内容心理学化:使教学内容的选择和编制适合儿童的学习心理规律。

③ 教学原则和教学方法心理学化:教学遵循人的认识活动规律。人的认识活动包括:模糊的感觉印象—精确的感觉印象—清晰的表象—确定无误的概念。直观性是教学的基本原则,循序渐进是另一重要的原则。

④ 让儿童成为他自己的教育者。

(3)福禄培尔认为教育必须遵循儿童的"内在"生长法则。

① 福禄培尔在教育史上第一次把自然哲学中的"进化"概念完全而充分地运用于人的发展和人的教育。福禄培尔认为,如同万物生长一样,人的成长也必须服从两条相互补充的原则:对立和调和。对立和调和法则是一切运动的原因,亦是人的发展的原因。

② 受裴斯泰洛齐的影响,福禄培尔的幼儿园课程中设有"自然研究"。他认为,自然研究不但可使儿童养成爱护花木禽兽的品性,还有助于满足儿童的好奇心,培养自制力和牺牲精神,促进知识的学习与智力的发展,培养对自然科学研究的兴趣。

第八章

19世纪末至20世纪前期欧美教育思潮和教育实验

一、重要名词及选择题考点

1. 新教育运动

新教育运动又称新学校运动,是指19世纪末20世纪初在欧洲兴起的教育改革运动。早期代表人物:英国教育家雷迪、德国教育家利茨和法国教育家德莫林等。

(1)1889年,被称为"新教育之父"的英国教育家雷迪创办了阿博茨霍尔姆学校。

(2)1898年,德国教育家利茨在德国哈尔茨山区的伊尔森堡创办了德国第一所乡村教育之家。

(3)1899年,法国教育家德莫林创办了法国第一所新学校——罗歇斯学校。

1922年,"新教育联谊会"制定了"新教育的七项原则"。具体包括:第一,增进儿童的内在精神力量。第二,尊重儿童个性发展。第三,儿童的天赋自由施展。第四,鼓励儿童自制。第五,培养儿童为社会服务的合作精神。第六,发展男女儿童教育的节奏。第七,要求儿童尊重他人也保持个人尊严。

1966年,"新教育联谊会"改名为"世界教育联谊会",这一事件成为新教育运动结束的标志。

2. 昆西教学法

19世纪末,美国教育家帕克在担任马萨诸塞州昆西市教育局局长时,领导和主持了昆西学校实验。帕克的教育革新措施以"昆西教学法"或"昆西制度"著称,他本人也被誉为进步教育运动的先驱者。

昆西教学法的主要特征有:(1)强调儿童应处于学校教育的中心;

（2）重视学校的社会功能；（3）主张学校课程应尽可能与实践活动相联系；（4）强调培养儿童自我探索和创造的精神。

3. 进步教育运动

1919年，进步教育发展协会在美国建立，该协会后来被改称为美国进步教育协会。1920年，该协会提出了进步教育运动的七项原则或纲领：（1）儿童有自由发展的自由。（2）兴趣是全部活动的动机。（3）教师是指导者，而不是布置作业的监工。（4）注重学生发展的科学研究。（5）对于儿童身体发展给予更大的关注。（6）适应儿童生活的需要，加强学校与家庭的合作。（7）进步学校在教育运动中具有领导作用。

20世纪20年代末，由于进步教育运动的专业化倾向，使其失去了公众的理解和支持。1929年爆发的经济危机严重影响了美国进步教育运动的发展：（1）儿童中心到注重社会职能：进步教育运动的方向发生改变。此前强调儿童中心和个人的自由发展，此后更加意识到学校的社会职能。（2）初等教育到中等教育：从20世纪30年代初期开始，进步教育运动的重心逐步从初等教育转向中等教育。（3）改造主义的出现：经济危机加剧了进步教育运动内部的分裂，"改造主义"正是这种分化的产物。

1944年，美国的进步教育运动开始走向衰落。美国进步教育协会更名为"美国教育联谊会"，成为欧洲新教育联谊会的一个分会。1955年，协会解散。1957年，《进步教育》杂志停办，标志着美国教育史上一个时代的结束。

4. 实验教育学

实验教育学兴起于19世纪末20世纪初，代表人物有梅伊曼和拉伊。其主要观点有：

（1）反对以赫尔巴特为代表的强调概念思辨的教育学，认为这种教育学对检验教育方法的优劣毫无用途。

（2）主张利用当时与儿童发展有关的各方面的科学研究成果及研究方法来推动教育研究的科学化。

（3）将教育实验分为提出假设阶段、制订计划阶段、实验验证阶段。

（4）认为心理实验与教育实验是有差别的，心理实验是在实验室里进行的，而教育实验则是在学校环境和教学实践中进行的。

（5）重视实验，主张用实验、统计和比较的方法进行研究。

实验教育学进一步推动了教育理论走向科学化，但是，当后继者把实验方法夸大为教育学研究的唯一有效方法时，就走上了教育学研究中"唯科学主义"的迷途。

二、论述题

1. 简述杜威"教育的本质"。
2. 比较赫尔巴特和杜威的教育思想。
3. 简述苏霍姆林斯基的教育理论。
4. 简述杜威的教育无目的论及其对当代教育的启示。

论述题参考答案

1. 简述杜威"教育的本质"。

（1）教育即生活。

杜威认为教育是生活的过程，学校是社会生活的一种形式，即学校生活也是生活的一种形式。

① 学校生活应与儿童自己的生活相契合，满足儿童的需要和兴趣。

② 学校生活应与学校以外的社会生活相契合。

③ "学校即社会"意在使学校生活成为一种经过选择的、净化的、理想的社会生活，使学校成为一个合乎儿童发展的雏形的社会。

（2）教育即生长。

① "教育即生长"要求摒除压抑、阻碍儿童自由发展之物，使一切教育和教学适合儿童的心理发展水平和兴趣、需要的要求。然而这种尊重绝非放任自流，任由儿童率性发展。

② 杜威所理解的"生长"是机体与外部环境、内在条件与外部条件交互作用的结果，是一个持续不断的社会化的过程。杜威要求尊重儿童但不同意放纵儿童。

③ "教育即生长"所体现出的儿童发展观也是杜威民主理想的反

映。尊重儿童身心发展特点是使儿童充分生长和发展的重要条件，而儿童的充分生长和发展亦有助于社会目的的达成。

（3）教育即经验的改造。

① 克服了经验与理性的对立：理性不是凌驾于经验之上，而是寓于经验之中，并在经验中不断修正，经验的过程就是一个实验的过程、运用智慧的过程、理性的过程。

② 拓宽了经验的外延：经验不再被视为感觉作用和感性认识，而是一种行为、行动，含有认知的因素。

③ 强调经验过程中人的主动性：经验的过程是一个主动的过程，不单是有机体受环境塑造，还存在着有机体对环境的主动改造。

2. 比较赫尔巴特和杜威的教育思想。

赫尔巴特是德国教育史上具有重大影响的教育家、哲学家和心理学家，杜威是美国教育史上著名的实用主义教育学家、心理学家和哲学家。赫尔巴特被称为传统教育的教育家，杜威则是现代教育家的杰出代表。他们的教育思想既有相通之处，又各有不同。

（1）相通之处。

① 在教育目的上，都体现以学生为本，重视学生的个性和兴趣。

赫尔巴特认为，学生未来会选择不同职业，因此会产生多方面的兴趣，基于此，教育目的包括"可能的目的"；与此同时，教育还应有"必要的目的"，即不管学生未来会从事何种职业，教育都必须培养其形成完善的道德品格。

杜威则认为学生现在"生活""生长"和"经验改造"中产生的需要和自由发展的价值才是教育的目的。

可见两人都没有忽视教育要从学生的需要出发。

② 在教学方法上，都注重学生经验的作用和思维的培养。

赫尔巴特提出了"统觉"的概念，认为在教学过程中，那些不符合学生头脑中旧观念的新观念或新经验被排斥，而相符合的观念或经验则被同化。杜威则强调教育即经验改造，认为从本质上来说，教学就是"属于经验""由于经验"和"为着经验"的。可见两人都强调经验的作用。

无论是赫尔巴特的"四段教学法",还是杜威的"思维五步法",都体现出他们注重对学生思维的培养。

(2)不同之处。

① 培养德行与教育无目的论:教育目的的不同。

赫尔巴特认为,教育的目的是培养道德性格的力量,主要体现在五种道德观上,即自由、完善、仁慈、正义和公平。杜威则认为教育的过程,在它自身以外没有目的,它就是它自己的目的;教育的过程是一个不断改组、不断改造和不断转化的过程。

② 重教与重学:教学论的不同。

A. 在教学程序上,赫尔巴特以观念心理学为基础,提出了四个教学阶段:明了、联合、系统和方法。杜威以思维的五个阶段为根据,提出了"思维五步法"。

B. 在教与学的方法上,赫尔巴特强调教师讲授,以教师为中心,强调重在教师如何将知识传授给学生,学生依赖教师、静听。杜威则强调课堂讨论,以学生为中心,重在学生自己发现问题和解决问题,师生共同参与。

C. 在教学重点上,赫尔巴特认为教学应以书本为中心,教师把已知的知识传授给学生,学生从书本中学习理论知识。杜威则强调从做中学,从经验中学习,让学生用已知知识发现和探索未知知识,以活动为中心,主动写作业。

③ 侧重兴趣与侧重经验:课程论的不同。

A. 课程内容不同。

赫尔巴特根据"多方面兴趣"的理论,建立了一个广泛学科的课程体系。杜威的课程内容观以经验和环境为主,从实用主义经验出发,肯定了教育与经验的密切关系。

B. 课程实施不同。

赫尔巴特根据兴趣的四个活动阶段,把教学过程分为四个连续的阶段:明了、联合、系统、方法。杜威提倡用"从做中学",把"知"和"行"统一起来。

由于赫尔巴特和杜威所处的历史环境不同,他们提出各自教育思想的出发点和立足点也就有所不同,这是历史的必然性,也是他们教育思想的独特性体现。对待这两位教育家的思想,我们不能厚此薄彼,而应该结合我国当前提高教育质量和实现教育学本土化的实际,根据当前社会发展的需要与变革时期人的发展需要,分清两种教育思想的合理性和不足之处,汲取其中的精髓,进行优势整合。

3. 简述苏霍姆林斯基的教育理论。

苏霍姆林斯基的培养全面和谐发展的人的教育理论是一个内容异常丰富的教育学思想体系,包含着他对教育目的论和方法论的许多独创见解,其核心是要使全体学生都得到全面和谐的教育。苏霍姆林斯基认为,学校教育的理想是培养全面和谐发展的人。

(1)他认为,精神生活对学生在校期间个性的形成和发展起着极为重要的作用。一个人如果没有丰富的精神需要,就会将注意力转移到物质财富和寻欢作乐上,这对青少年的发展是十分危险的。丰富学生精神生活的根本方法是培养和激发他们的求知欲,培养每一个学生对某个学科、某种科技和某项艺术的爱好。

(2)苏霍姆林斯基还指出,真正的教育者一定要和儿童有共同的兴趣、爱好、意愿。教师在儿童的个性发展中,不仅仅是教导者,而且同时还是儿童的朋友。他要求自己为教师们做出深入了解儿童的精神世界、和他们进行精神交往的榜样。

(3)在和谐教育理论中,苏霍姆林斯基十分重视劳动的教育作用。

苏霍姆林斯基被誉为"教育思想的泰斗",他的教育理论研究成果非常丰富。苏霍姆林斯基取得丰富教育理论研究成果的原因,大致可以归结为三个方面:苏霍姆林斯基的理论研究是与教育、教学实践紧密结合的;苏霍姆林斯基在结合教育实际进行理论研究的时候,注意总结历史经验并得出了比较正确的结论,这也是他说的历史思维问题;对辩证唯物主义方法论和马列主义教育思想基本原理的深入掌握和运用,是使他在教育理论研究与教育实践中取得辉煌成就的重要保证。

4. 论述杜威的教育无目的论及其对当代教育的启示。

(1)杜威的"教育无目的"内涵。

①教育无目的论:杜威提出了"教育无目的说",他认为教育的过

程在它自身以外没有目的，它就是它自己的目的；教育的过程是一个不断改组、不断改造和不断转化的过程。

②注重内在目的：所谓"教育无目的说"并不是说教育真的没有目的。杜威反对的是外在的、固定的、终极的教育目的。他认为，外在的教育目的不能顾及儿童的兴趣和需要，杜威所希求的是教育过程内的目的，这个目的就是"生长"。杜威主张以生长为教育的目的，其主要意图在于反对外在因素对儿童发展的压制，要求教育尊重儿童的愿望和要求，使儿童从教育本身、生长过程中得到乐趣。

③教育目的所具有的社会性：杜威虽然强调以儿童为中心，注重儿童的经验，强调教育过程内的目的。杜威注重尊重儿童，促进儿童内在的发展，将民主的精神传递给儿童，认为最终还是要建设一个民主主义的社会。所以杜威不是个体本位论者，也不是社会本位论者，而是力求在个体和社会之间寻求平衡。

（2）杜威"教育无目的"的特点。

①关注教育目的的内在性。

杜威的教育目的反对传统教育对儿童的压抑，它以儿童的内在需求和兴趣为出发点，关注儿童的心理特点和身心发展，关心儿童的健康成长。杜威指出："从外面强加给活动过程的目的，是固定的、呆板的；这种目的不能在特定情景下激发智慧，不过是从外面发出的作这样那样事情的命令。"这种外在的教育目的，并非是教育本身的目的，和儿童的实际学习生活相脱离。只有由兴趣引发的学习动机，才能够调动儿童的主动性，逐渐培养儿童的求知愿望。

②关注教育直接目的和间接目的的统一。

杜威提出，教育的目的是为了更好的教育。教育目的存在于教育过程之中，他从不否认教育与生长的社会性目的。教育的直接目的是促进儿童的成长；教育的间接目的是使得理想中的民主主义社会变成现实。儿童的需求和社会性的要求是相辅相成、相互统一的。

③关注个人和社会的统一。

历史上存在着两种截然相反的教育目的观。一种是个人本位论，主张教育目的从受教育者出发，应当以个人的进步为目的，教育的发展是为了促进个体的健康成长和全面发展。另一种是社会本位论,主张教育目的要根据社会的需求来确定,教育是为了服务社会,促进社会进步。杜威看到了两者的优点和缺点,他提倡个人本位和社会本位相结合的教育目的,不仅促进了个人的全面发展,也促进了社会的进步。

(3)对当代教育的启示。

① 在教学过程中提倡参与式学习的教学方式。

参与式教学是一种协作式教学法,它充分利用灵活多样的教学手段,鼓励学习者的信息交流,从而积极加入课堂教学活动。它不但能提高儿童的学习兴趣,也能改变课堂教学中的沉闷现象,从而使得儿童真正成为学习的中心,并在获得知识的同时体会到学习的乐趣。

② 对我国新课程改革的启示。

新课程改革是课程改革发展的又一新阶段,它提倡为学生营造轻松、和谐的课程文化。在学科课程的基础上,增加了活动课、选修课等,使得教材多样化。新课程改革要求教育活动的内容和形式要多种多样,与学生的现实生活是分不开的。只有符合学生心理特点的教学内容,才能为学生所接受。学生知识、经验的获得和能力的培养是在教学活动中实现的。因此,课前教师要精心准备和设计教学活动的形式,使得教学活动生动、有趣,与本节课的教学内容密切相关,并且能带给学生知识的升华和心灵的陶冶。

③ 对我国制定教育目的的启示。

杜威认为,良好的教育目的应具备以下三个特征:必须根据受教育者的特定个人的固有活动和需要;必须转化为与受教育者的活动进行合作的方法;必须警惕所谓一般的和终极的目的。因此,我们在制定教育目的时,要兼顾个人需要和社会需求,使二者逐渐趋于平衡,要使用多元化的评价方式,实现直接目的和间接目的的统一。

第九章 欧美主要国家和日本的现代教育制度

一、重要名词及选择题考点

1.《巴尔福教育法》

1902年,为了公平分配教育补助金和加强对地方教育的管理,英国通过了《巴尔福教育法》。

第一,设立地方教育当局,以取代原来的地方教育委员会。其主要职责是保证初等教育的发展,享有设立公立中等学校的权力,并为中等学校和师范学校提供资金。

第二,地方教育当局有权对私立学校和教会学校提供资助和控制。

第三,地方教育当局负责支付教师的工资,也具有否决学校管理委员会选择的不合格校长和教师的权力。

《巴尔福教育法》促成了英国中央教育委员会和地方教育当局的结合,形成了以地方教育当局为主的英国教育行政体制。该法首次强调初等教育和中等教育的衔接,并把中等教育纳入地方教育部门管理,为建立统一的国家公共教育制度奠定了基础。

2.《哈多报告》

英国调查委员会在1926—1933年提出了三份关于青少年教育的报告,一般称为《哈多报告》,其中影响最大的是1926年的报告。

第一,小学教育应当重新称为初等教育。儿童在11岁以前所受到的教育称为初等教育。其中5~8岁的儿童入幼儿学校,8~11岁的儿童入初级小学。

第二,儿童在11岁以后所受到的各种形式的教育均称为中等教育。中等教育阶段设立四种类型的学校:以学术性课程为主的文法学校、具有实科性质的选择性现代中学、相当于职业中学的非选择性现代中学、略高于初等教育水平的公立小学高级班或高级小学。

第三,为了使每个儿童进入最合适的学校,应当在11岁时进行选拔性考试。同时规定,义务教育的最高年龄为15岁。

3.《1944年教育法》

1944年,英国政府通过了以巴特勒为主席的教育委员会提出的教育改革方案,即《1944年教育法》,又称《巴特勒法》《巴特勒教育法》。

第一,加强国家对教育的控制和领导。设立教育部,统一领导全国的教育。同时,设立中央教育咨询委员会,负责向教育部长提供咨询和建议。

第二,加强地方行政管理权限,设立由初等教育、中等教育和继续教育组成的公共教育系统。地方当局负责为本地区提供初等、中等和继续教育。

第三,实施5~15岁的义务教育。父母有保证子女接受义务教育和在册学生正常上学的职责。地方教育当局应向义务教育超龄者提供全日制教育和业余教育。

第四,提出了宗教教育、师范教育和高等教育改革等要求。

一方面加强了国家对教育的控制,另一方面也在一定程度上完善了地方教育管理体制,进一步确立和完善了中央与地方在教育行政管理体制上相互合作的"伙伴关系"。

4.《阿斯蒂埃法》

1919年,阿斯蒂埃提出的关于职业技术教育的法案,被誉为法国"技术教育宪章"。

(1)国家管理:国家取代个人来开展职业教育。

(2)市镇设职业学校:全国每一市镇设立一所职业学校,所需的教育经费由国家和雇主各自承担一半。

(3)青年有接受教育的义务:18岁以下的青年有义务接受职业技术教育,雇主必须保证他们接受职业技术教育的基本时间。

(4)职业技术的内容:补充初等教育的普通教育、作为职业基础的各门学科以及获得劳动技能的劳动学习。

5.《学校教育法》

《学校教育法》是日本战后《教育基本法》的具体化,主要内容有:

(1)废除中央集权制,实行地方分权。

(2)采用"六三三四"制单轨学制,将义务教育年限由6年延长到9年。男女儿童教育机会均等,一律实行男女同校制度。

(3)高级中学的办学目的和定位是实行普通教育和专门教育。

(4)将原来多种类型的高等教育机构统一为单一类型的大学。大学以学术为中心,注重高深学问的传授和研究,大力培养学生的研究和实践能力。

作为确保《教育基本法》具体实施的法律文本,《学校教育法》为"二战"后日本教育的系统化改革提供了有力的法律保障。

二、论述题

1. 简述美国《国防教育法》的主要内容。
2. 简述美国的初级教育运动。
3. 简述《1988年教育改革法》。
4. 简述《国家处在危机之中:教育改革势在必行》报告。
5. 20世纪二三十年代苏联相继颁布实施了《国家学术委员会教学大纲》和《关于小学和中学的决定》。试述评其中有关系统知识教学与生产劳动相结合的规定及其实施结果。

 论述题参考答案

1. 简述美国《国防教育法》的主要内容。

受进步教育运动的影响,美国的教育强调儿童中心,忽视了系统知识的传授,教育质量有所下降。1957年苏联卫星上天后,美国朝野震惊,对教育进行改革的呼声日渐高涨。1958年,美国颁布了《国防教育法》,旨在改变美国教育水平落后的状况,使其能够适应现代科学技术的发展。

《国防教育法》的主要内容包括:

(1)加强普通学校的自然科学、数学和现代外语,即所谓"新三艺"

的教学。

（2）加强职业技术教育。

（3）强调"天才教育"。

（4）增拨大量教育经费，以便加强普通学校的"新三艺"教学。

（5）资助高等学校提高教学和科研水平，设立"国防奖学金"。

美国《国防教育法》的颁布和实施不仅对美国的教育产生了重要影响，甚至对美国的整个社会都具有重要影响。

2. 简述美国的初级教育运动。

为解决中等教育和大学的衔接问题，1892年，芝加哥大学校长哈伯率先提出了把大学的四个学年分为两个阶段的设想，他也因此被誉为"初级学院之父"。

（1）第一阶段的两年为"初级学院"，第二阶段的两年为"高级学院"。

（2）前一阶段的课程类似于中等教育，后一阶段的课程类似于专业教育或研究生教育。

（3）初级学院运动和美国的社区学院紧密联系。社区学院是两年制，入学条件简单，高中毕业即可；社区学院的课程与大学前两年课程基本相同；学生毕业后可以申请大学，也可以直接工作。

3. 简述《1988年教育改革法》。

《1988年教育改革法》是英国一部里程碑式的法案，对英国的教育进行了全方位的改革。其主要内容如下：

（1）规定实施全国统一课程：在5~16岁的义务教育阶段统一开设三类课程：核心课程（英语、数学、科学）、基础课程和附加课程。

（2）统一考试制度：在整个义务教育阶段，学生要参加四次全国性统一考试，分别在7岁、11岁、14岁、16岁时进行，以作为对学生进行评估的主要依据。

（3）改革学校管理体制：规定地方教育当局管理下的所有中学和学生数在300人以上的规模较大的小学，在多数家长要求下可以摆脱地方教育当局的控制,直接接受中央教育机构的指导。这一政策也称"摆脱选择"。

（4）建立新型的城市技术学校，以培养企业急需的精通技术的中等人才。

（5）废除高等教育双重制：包括多科技术学院和其他学院在内的高等院校将脱离地方教育当局的管辖，而成为"独立"机构，并获得与大学同等的法人地位。

（6）改革高等教育管理和经费预算：成立"多科技术学院基金委员会"，负责多科技术学院的发展规划和拨款事项。同时，以"大学基金委员会"取代"大学拨款委员会"，其任务是向国务大臣提供咨询，为各大学分配经费。

4. 简述《国家处在危机之中：教育改革势在必行》报告。

20世纪八九十年代，美国的教育质量下降，为此，美国于1983年提出了名为《国家处在危机之中：教育改革势在必行》的报告。

（1）主要内容。

① 加强中学五门"新基础课"的教学，即要求中学阶段必须开设英语、数学、自然科学、社会科学及计算机课程，并加强这些课程的教学。

② 提高小学、中学和大学的教育标准和要求，推行标准化测试。

③ 通过加强课堂管理等措施，有效利用学生的在校学习时间。

④ 改进教师的培养，提高教师的专业训练标准、地位和待遇。

⑤ 各级政府应加强对教育改革的领导和实施。各级政府、学生家长以及全体公民都要为实现教育改革的目标提供必要的财政资助。

（2）影响。

① 积极影响：恢复和确立了学术性学科在中等教育课程结构中的主体地位；进一步加强了课程结构的统一性，对所有学生提出了更为严格的共同要求；增强和激发了公众对国家教育的信心，使得公众对教育的关注和资助的热情被重新唤起。

② 消极影响：因过分强调标准化的考试测评成绩，导致在某种程度上忽视了学生个性的培养；因教学要求过于统一，导致缺乏灵活性；因强调提高教育标准和要求，使得潜在的辍学人数迅速增加。

**5. 20世纪二三十年代苏联相继颁布实施了《国家学术委员会教学大纲》和《关于小学和中学的决定》。试述评其中有关系统知识教学与生产劳动相结合的规定及其实施结果。

（1）《国家学术委员会教学大纲》。

① 主要内容：打破学科界限，以劳动为中心；实施"劳动教学法"，主张废除教科书，甚至提出"打倒教科书"的口号；推行"工作手册""活页课本""杂志课本"等；在教学组织形式上主张取消班级授课制，实行道尔顿制和设计教学法。

② 评价：《国家学术委员会教学大纲》力图打破学科界限，加强教学内容同生活的联系，其出发点是好的，但破坏了各学科之间的内在逻辑，导致教学质量下降，削弱了学校中系统的基础理论知识的学习和基本的读、写、算能力的训练。《国家学术委员会教学大纲》虽然并未普遍实行，但是对苏联学校的教学工作还是产生了较为深远的影响。

（2）《关于小学和中学的决定》。

① 主要内容：强调系统知识的传授和传统讲授式的教学方法；普通教育阶段一定要使学生具有足够的读、写、算的能力；学校依据严格规定的教学计划、教学大纲等进行各科教学；恢复班级授课制度。

② 评价：《关于小学和中学的决定》促进了学生对系统文化知识的学习与掌握，提高了学校教育教学质量。但又过分强调知识教育，忽视劳动意识、劳动习惯的形成和劳动技能的训练，学校工作走上了另一个极端。

20世纪二三十年代苏联的教育存在过分强调知识教育或过度强调劳动意识、劳动习惯的形成和劳动技能的训练的极端，这也导致了苏联教育质量的起伏以及教育政策的变化。在今后教育政策的制定过程中，我们必须吸取苏联教育发展的经验和教训，寻求系统知识教学和劳动教育之间平衡的最佳水平点，将二者共同落实于个体的有机发展之中。

第十章 现代欧美教育思想

一、重要名词及选择题考点

1. 要素主义教育

要素主义教育形成的标志是 1938 年"要素主义者促进美国教育委员会"的成立,之后在 20 世纪 50 年代中期、60 年代初达到发展的顶峰。要素主义教育思潮的发起者、主要代表人物是巴格莱、科南特和里科弗。要素主义教育思潮有以下主要观点:

(1)把人类文化的"共同要素"传给下一代,中小学要强调基础知识的教学,按逻辑系统编写教材进行教学;

(2)教学过程必须是一个训练智慧的过程;

(3)强调教师在教育和教学中的核心地位;

(4)强调学生在学习上必须努力和专心;

(5)重视学业考核和天才教育。

要素主义教育学者提出的一些建设性意见被美国政府部分采纳,但它忽视了学生的兴趣和身心发展特点以及能力水平,过于强调系统的、学术性的基本知识学习,采用的教材脱离了学校教育实际。

2. 道尔顿制

道尔顿制由美国教育家帕克赫斯特提出。帕克赫斯特批判传统的班级授课制使学生处于被动地位,主张建立基于自由、合作两大原则的个性教学制度。

(1)主张废除传统的课堂教学、课程表和年级制,以"公约"或合同式的学习来代替。

(2)将教室改造成各学科的作业室或实验室,按学科的性质陈列相应的参考用书和实验仪器,供学生使用。

(3)各作业室配有该科教师一人,负责对学生进行指导。

(4)采用"表格法"来掌握学生的学习进度情况,既可增强学生学习的动力,也可使学生管理工作进一步简化。

道尔顿制关注了儿童中心,注重发挥儿童的主动性,但局限在于其过于强调个体差别,对教师的教学能力与素质要求过高,以及在实施过程中容易导致学生放任自流等,将教室完全改为实验室的做法也不太符合实际。

3. 改造主义教育

改造主义教育是在20世纪30年代从实用主义教育和"进步教育"中逐渐分化出来的,到20世纪50年代形成的一种独立的教育思想,也被认为是实用主义教育的一个重要的分支。其代表人物有康茨、拉格和布拉梅尔德等。其基本观点如下:(1)教育应该以"改造社会"为目标:教育的目的就是要改造社会,旨在通过教育为社会成员建设理想社会。(2)教育要重视培养"社会一致"的社会精神:"社会一致"即消除彼此之间的分歧,培养人们的群体意识和集体心理。(3)教育工作应当以行为科学为依据:教育要重新考察它的整个传统结构,并考虑编排教材的新方法、组织教学过程与学习过程的新途径、确定学校和社会的目的的新方法。(4)教学上应该以社会问题为中心:通过对社会问题的分析,培养学生关心社会的积极态度和解决社会问题的能力。(5)教师应进行民主的、劝说的教育:反对灌输式的教学方式,教师应该通过民主的讨论和劝说的教育来教育学生。

二、论述题

论述新传统主义教育思潮的主要观点。

  论述题参考答案

论述新传统主义教育思潮的主要观点。

新传统教育思潮是20世纪30年代出现于欧美国家,与现代教育相对的教育思潮,以复苏赫尔巴特的教育思想和批评杜威的实用主义教育思想为特征。

(1)新传统教育思潮的主要观点。

新传统教育思潮代表人物有巴格莱、里科弗、科南特、赫钦斯、马里坦。代表学派有要素主义教育、永恒主义教育、新托马斯主义教育。

要素主义教育思潮主张把人类文化的"共同要素"传给下一代、教学过程必须是一个训练智慧的过程、强调教师在教育和教学中的核心地位、强调学生在学习上必须努力和专心、重视学业考核和天才教育。必须划定标准,对学生予以考核。

永恒主义教育主张教育的性质永恒不变,教育的目的是要引出人类天性中共同的要素—理性,永恒的古典学科应在学校课程中占有中心地位,学生通过教师的教学进行学习。

新托马斯主义教育是以托马斯主义为理论基础,大力主张宗教教育的一种教育理论。

可见新传统主义教育思潮重视学科知识的系统性和内在联系、强调教育的整体性和个性化、注重传统文化的传承、重视教育与社会的联系、强调教育活动中教师的作用。

(2)新传统主义教育思潮对教育的影响主要体现在以下几个方面:

① 把教育的重点从知识传授转向了个性发展。这种转变在很大程度上启发了后来人文主义教育的理论基础。

② 把教育放在了更广泛的社会背景下进行研究,这对于强化教育与社会之间的联系,推进教育社会化具有重要意义。

③ 建立了教师的权威性。新传统主义教育思潮加强了教师在教育活动中的地位,使教师成为占主导地位的教育者,从而增强了教育的效果。

④ 重视传统文化的传承。新传统主义教育思潮的出现和传播对于弘扬传统文化,恢复传统文化对教育价值的探讨都起到了积极的促进作用。

总的来说,新传统主义教育思潮通过回归传统,使得教育更加贴近现实生活和社会问题,对于适应当时的教育需求起到了积极的作用。

《《《《《《
教育心理学

第一章 心理发展与教育

一、重要名词及选择题考点

1. 最近发展区

最近发展区是由苏联心理学家维果茨基提出的。所谓的"最近发展区"是指儿童现有的发展水平和在成人或他者指导下所能达到的发展水平之间的差距。

（1）教学创造着最近发展区，第一个发展水平与第二个发展水平之间的动力状态是由教学决定的。

（2）根据上述思想，维果茨基提出"教学应当走在发展的前面"，对于如何发挥教学的最大作用，维果茨基强调"学习的最佳期限"。

（3）如果脱离了学习某一技能的最佳年龄，从发展的观点来看都是不利的，它会造成儿童智力发展的障碍。因此，开始某一种教学，必须以成熟与发育为前提，但更重要的是教学必须首先建立在正在开始形成的心理机能的基础上，走在心理机能形成的前面。

2. 认知发展

认知发展理论由瑞士心理学家皮亚杰提出。

（1）所谓认知发展是指个体自出生后在适应环境的活动中，对事物的认知及面对问题情境时的思维方式与能力表现，随年龄增长而改变的历程。

（2）皮亚杰对认知发展研究的特殊兴趣是出于将儿童的认知发展看作沟通生物学与认识论的桥梁。他认为，通过对儿童个体认知发展的了解可以揭示整个人类认识发生的规律，从而建构起他的整个学说"发生认识论"。

（3）他把儿童认知发展分成了四个阶段，分别是感知运动阶段、前运算阶段、具体运算阶段、形式运算阶段。

3. 心理发展

心理发展是指个体从胚胎期经由出生、成熟、衰老一直到死亡的整个生命过程所发生的持续而稳定的内在心理变化过程。

（1）主要包括认知发展和人格发展。认知发展是指个体与环境相互作用的过程中，其感知觉、注意、记忆、思维、言语等认知的功能系统不断发展并趋于完善的变化过程。

（2）人格发展是指个体自出生经成年到老年的生命过程中人格特征或个性心理形成、发展和表现的过程。

4. 支架式教学

支架式教学思想来源于维果茨基的"最近发展区"理论。它是指为学习者建构对知识的理解提供一种概念框架，通过这种"脚手架"的支撑作用，不停顿地把学生的智力从一个水平提升到另一个新的更高水平，真正做到使教学走在发展的前面。

其基本环节包括:搭"脚手架"—进入情境—独立探索—合作学习—效果评价。

5. 场独立和场依存

场独立型：个体较多依赖自己内部的参照，不易受外来因素的影响和干扰，习惯独立对事物做出判断，更擅长自然科学。

场依存型：个体较多地受到周围环境信息的影响，对人文社会学科更感兴趣。

6. 生态系统理论

生态系统理论是布朗芬布伦纳提出的个体发展模型，强调的是个体和环境之间的相互作用。该系统主要分为四个层次，由小到大分别是微观系统、中间系统、外层系统和宏观系统。微观系统：指个体活动和交往的直接环境。比如对大多数婴儿来说，微观系统仅限于家庭。中间系统：指各微观系统之间的联系。外层系统：指儿童并未直接参与却对他们的发展产生影响的系统。宏观系统：指存在于以上三个系统中的文化、亚文化和社会环境。时间纬度：布朗芬布伦纳的模型还包括了时间纬度，强调要将时间和环境结合起来考察儿童发展的动态过程。

二、论述题

1. 简述皮亚杰的认知发展阶段理论包括哪些内容。
2. 论述科尔伯格的道德认知发展阶段理论。
3. 论述艾里克森的人格发展理论及对教育的启示。

▶▶▶ 论述题参考答案

1. 简述皮亚杰的认知发展阶段理论包括哪些内容。

皮亚杰将儿童认知发展阶段分为感知运动阶段（0~2岁）、前运算阶段（2~7岁）、具体运算阶段（7~11岁）、形式运算阶段（11岁至成人）。

（1）感知运动阶段（0~2岁）。

①儿童通过手的抓取和嘴的吮吸探索世界。

②儿童获得客体永恒性，即当某一客体从儿童视野中消失时，儿童知道该客体并非不存在，表明儿童开始在头脑中用符号来表达事物，但是还不能用语言和抽象符号为事物命名。

（2）前运算阶段（2~7岁）。

①泛灵论。儿童无法区别有生命和无生命的事物，常把人的意识动机、意向推广到无生命的事物上。

②自我中心。儿童缺乏观点采择能力，只用自己的观点看待世界，难以认识他人的观点。比如，儿童时期会有"月亮跟着我走"的想法。

③集体的独白。在自我中心的影响下，儿童自言自语，即便在群体中也没有发生真实的交流。

④思维的不可逆性和刻板性。缺乏对事物之间变化关系的可逆运算能力。

⑤尚未获得物体守恒的概念。守恒指掌握概念的本质特征，所掌握的概念并不因某些非本质特征的改变而改变。前运算阶段的儿童认识不到在事物的表面特征发生某些变化时，其本质特征并不发生变化。

⑥思维集中化。在做出判断时倾向于运用一种标准或维度。

⑦不能理顺整体和部分的关系。儿童的思维受眼前的显著特征的

局限，而意识不到整体和部分的关系。

（3）具体运算阶段（7~11岁）。

① 思维获得守恒。

② 会分类、排序，思维的可逆性形成。

③ 去集中化，学会处理整体和部分的关系。

（4）形式运算阶段（11岁至成人）。

① 儿童的思维发展到抽象逻辑推理水平，能进行假设—演绎推理。

② 用语言文字在头脑中表达事物。

2. 论述科尔伯格的道德认知发展阶段理论。

美国儿童发展心理学家科尔伯格所建立的道德认知发展阶段理论对当代道德心理学的发展和道德教育均产生了深远的影响。

他提出了"道德两难"故事法。最经典的道德两难故事是"海因兹偷药"。海因兹的妻子病危，他却没有钱支付高额的药费。在药商既不肯降价，又不答应延期付款的情况下，为救妻子的性命，海因兹破门而入偷了药。在这个故事中，其两难选择在于应该遵守法律不偷药，还是偷药以挽救个人生命。科尔伯格向被试提出问题：海因兹是否应该偷药？为什么？并通过被试给出的答案及理由，分析其中所隐含的认知结构特点，进而划分出道德发展的三个水平和六个阶段，每个水平各包含两个阶段。

（1）内容。

① 前习俗水平（0~9岁）：具有关于是非善恶的观念，但观念是纯外在的，是从行动结果及自身的利益关系来判断的。

阶段一：服从和惩罚的定向阶段。

儿童只根据后果来判断行为的好坏，为了免遭惩罚而听从权威人物的命令，尚未具有真正意义上的准则概念。

阶段二：工具性相对主义的定向阶段。

以个人的最大利益为出发点来考虑是否遵守规则，通常是为了获得奖赏或满足自己的需要而尊重规则。

② 习俗水平（9~15岁）：个体着眼于社会及其希望考虑问题，遵从道德准则和社会习俗，维护传统的社会秩序。

阶段三：人际协调的定向阶段，又称"好孩子"定向阶段。

儿童在进行道德评价时，总是考虑到他人和社会对一个"好孩子"的期望和要求，并以此为标准开展思维和行动。

阶段四：维护权威或秩序的定向阶段。

儿童更加广泛地注意到维护普遍的社会秩序的重要性，履行个人责任，尊重权威，强调对法律和权威的服从。

③ 后习俗水平（15岁以后）：超越现实道德规范的约束，本着自己的良心做出道德判断，达到完全自律的境界。

阶段五：社会契约的定向阶段。

个体认识到规则是人为的、民主的、契约性的东西，当社会习俗或法律不符合公众利益时，规则就应该修改。

阶段六：普遍道德原则的定向阶段。

个体已经意识到社会规则和法律的局限性，开始基于自己的良心或人类的普遍价值标准判断道德行为。

（2）评价。

科尔伯格通过大量研究，揭示了人类道德认知发展的两大规律：一是从他律向自律方向发展的规律；二是循序渐进的规律。个体的品德具有浓厚的主体特征，因此，道德教育的内容与方式必须符合儿童心理发展的阶段与特征。

3. 论述艾里克森的人格发展理论及对教育的启示。

艾里克森提出的人格的心理社会发展理论，将正常人的一生划分为八个阶段，指出每一阶段的特殊社会心理任务，并认为每一阶段都有一个特殊矛盾，矛盾的顺利解决是人格健康发展的前提。

（1）主要内容。

① 信任对怀疑（0~1.5岁）：本阶段的基本冲突是信任对怀疑。

② 自主对羞怯（1.5~3岁）：这一阶段的儿童开始表现出自我控制的需要与倾向。

③ 主动对内疚（3~6岁）：这一阶段的儿童的活动范围逐渐超出家庭的圈子，他们想象自己正在扮演成年人的角色，并因能从事成年人的角色和胜任这些活动而体验一种愉快的情绪。

④ 勤奋感对自卑感（6~12岁）：本阶段，儿童开始进入学校学习，面临来自家庭、学校及同伴的各种要求和挑战，产生勤奋感，其中的困难和挫折则导致了自卑感。

⑤ 同一性对角色混乱（12~18岁）：这一阶段大体相当于少年期和青春初期，这时，个体开始考虑"我是谁"这一问题，体验着角色同一和角色混乱的冲突。

⑥ 亲密对孤独（18~40岁）：这一时期相当于青年晚期，个体如能在人际交往中建立正常的人与人之间的友好关系，便可以形成一种亲密感。如果害怕被他人占有而不愿与人分享便会陷入孤独中。

⑦ 繁殖对停滞（40~65岁）：这里指的是广义上的繁殖，不仅包括繁衍后代，而且包括人的生产能力和创造能力等基本能力或特征。

⑧ 完美无憾对悲观绝望（65岁以上）：如果个体在前几个阶段发展顺利，则能在这一时期巩固自己的自我感觉并完全接受自我，意味着个体获得了自我完满感；相反，没有获得完满感的个体将陷入绝望并因而害怕死亡。

（2）对教育的启示。

首先，教育应该培养个体应对危机并且提升自我发展的能力：个体的发展是一个充满危机的过程，当学生在学习上遇到挫折、失败时，教师要帮助他们处理好这些问题，正确面对这些问题，帮助学生渡过危机，实现自我人格的发展。

其次，尊重不同年龄阶段儿童的心理特征：任何年龄段的教育失误，都会给个体的终身发展造成障碍。因此，教师的教育非常重要，教师应该尊重学生，帮助学生培养自我，帮助学生发展，为学生的发展创造机会，促进其发展。

最后，提倡学生的自主性：教师给儿童创造更多独立完成任务的机会，使儿童获得尝试新事物的信心、发展自我的满足感，不要羞辱学生。小学阶段尊重儿童：不单纯以成绩评价儿童，加强勤奋感，克服自卑感。初高中阶段维护学生的自尊，帮助他们获得自我同一性：不侮辱、不歧视，引导学生正确交友。

第二章 学习及其理论

一、重要名词及选择题考点

1. 探究性学习

探究性学习是认知建构主义学习理论的一种应用。它是指学习者通过发现问题和解决问题而建构知识的过程。

（1）探究性学习是一种学生学习方式的根本改变，学生由过去主要听从教师讲授，从学科的概念、规律开始学习的方式变为通过各种事实来发现概念和规律的方式。

（2）探究式学习作为一种学习方式，它不同于科学家的探究活动，探究性学习必须满足学生在短时期内学到学科的基本知识和学科的结构，所以这个过程在许多情况下都要被简化。

（3）探究性学习具有如下特点：主动性、实践性、过程性、开放性。

2. 先行组织者

先行组织者是美国教育心理学家奥苏伯尔提出的，它是先于学习任务本身呈现的一种引导性材料，要比原学习任务本身有更高的抽象、概括和包容水平，并且能清晰地与认知结构中原有的观念和新的学习任务关联。

由于原有观念和新观念（即当前学习内容）之间可以有"类属关系""总括关系"和"并列组合关系"等三种不同的关系，所以先行组织者也可以分成三类：上位组织者、下位组织者、并列组织者。

3. 观察学习

观察学习是指人们通过观察榜样的行为及其结果学会某种复杂行为，又称替代学习、无尝试学习。班杜拉认为，人的一切社会行为都是在社会环境影响下，通过对他人示范行为及其结果的观察学习而得以形成的。(1)观察学习的过程包括注意、保持、动作再现、动机。(2)观察学习理论较多地应用于品德与规范的学习，在实施过程中应该注意：选择适当的榜样行为并反复示范榜样行为；给学生提供再现行为的机会，并促使学生不断进行自我调整；及时表扬良好行为，还要促进自我强化。此外，要重视榜样的作用，消除社会环境中的不良榜样行为。

4. 有意义学习

有意义学习是奥苏伯尔所提出的理论。

(1)他根据学习材料与学习者认知结构中已有知识的关系，将学习分为机械学习和有意义学习。

(2)奥苏伯尔认为，有意义学习指符号所代表的新知识与学习者认知结构中已有的适当概念建立非人为的、实质性联系的过程。

(3)有意义学习的条件如下：学习材料本身具有逻辑意义；学生的认知结构中具备与新知识相联系的知识准备；学生具有意义学习的心向。

5. 学习

学习是指由反复经验而导致有机体行为或行为潜能的相对持久的变化过程。学习是一种经验的获得过程，在此过程中通过相应行为或态度的变化来体现。

6. 上位学习

上位学习，也称总括学习，是指在认知结构中原有的几个观念的基础上学习一个包容性程度更高的命题，即原有的观念是从属观念，而新学习的观念是总括性观念。

(1)在这些原有观念的基础上学习一个概括和包容程度较高的概念或命题时，便产生上位学习。

(2)例如，儿童在知道"苹果""梨""香蕉""橘子"等概念之后，再学习"水果"这个概念时，新学习的概念总括了原有的概念，就更具有意义。

7. 发现学习

发现学习是布鲁纳提出来的学习方式。在布鲁纳看来，学生不是被动、消极的知识接受者,而是主动、积极的知识探究者。基于此,发现学习的过程可概括为:创设问题情境—激发探究欲望—提供各种假设—检验假设—验证结论。

发现学习的基本原则:(1)教师向学生解释清楚学习情境和教材性质;(2)教师结合学生实际情况组织教材;(3)教师根据学生身心发展水平安排教材的逻辑顺序;(4)教师确保材料的难度适中,以维持学生的内部学习动机。发现学习有利于激发学生的好奇心和求知欲,但是由于比较耗费时间,学习成效难以保障。

8. 认知内驱力

奥苏伯尔将学习动机划分为认知内驱力、自我提高内驱力和附属内驱力。

(1)认知内驱力:这是一种要求了解和理解事物的需要,出自对知识本身的需要;它指向学习任务本身,是一种重要且稳定的动机。

(2)自我提高内驱力:这是个体要求自己胜任工作的才能和由于工作成就而赢得相应地位的愿望。它把成就看作赢得地位与自尊心的根源,是一种外部的动机。

(3)附属内驱力:这是学生为了保持家长和教师等长辈的赞许或认可而努力学习的一种需要,是一种外部的动机。

9. 强化

强化指通过某一事物增强某种行为的过程,强化不等于奖励。

(1)正强化:呈现愉快刺激,加强反应发生频率。比如小明考试考得好后,父母奖励他,给他买了一双鞋。小明受到正强化,将来还会努力考好。

(2)负强化:消除厌恶刺激,加强反应发生频率。比如小明考试考得好后,父母不再让他参加他讨厌的补习班。小明受到负强化,将来还会努力考好。

10. 认知负荷理论

认知负荷是影响复杂学习的重要因素,它分为内在认知负荷、外在认知负荷、关联认知负荷三类。内在认知负荷是指由学习材料的难度水平带来的负荷。学习材料的难度可分绝对难度和相对难度两个方面。

学习材料的呈现方式及其所要求的学习活动,也会带来认知负荷。外在认知负荷是由与学习过程无关的活动引起的,不是学习者建构图式所必需的,因而又称无效认知负荷。

如果认知任务要求较低(带来的内在认知负荷较低),使得学习者还有充分的认知资源可用,这时他就可以投入额外一些认知资源来促进图式的建构。这种在建构图式时不是必须但投入后又有利于图式建构的认知负荷,就是关联认知负荷。

二、论述题

1. 论述建构主义理论的核心观点。
2. 论述观察学习的理论。
3. 论述发现学习的特征。
4. 论述加涅关于学习的分类。
5. 论述人本主义教育的特点和启示。

  论述题参考答案

1. 论述建构主义理论的核心观点。

(1) 知识观。

建构主义强调知识的建构性,知识不是先于或者独立于学习者而存在,而是学习者主动建构的结果。知识不是对现实的纯粹客观的反映,它只不过是人们对客观世界的一种解释、假设或假说,并非问题的最终答案。它必将随着人们认识程度的深入而不断变革、升华和改写,出现新的解释和假设。

(2) 学生观。

学习者并非空着脑袋进入学习情境中的。在日常生活和以往各种形式的学习中,他们已经形成了有关的知识经验,对任何事情都有自己的看法。

(3) 学习观。

建构主义认为,学生的学习具有主动建构性、活动情境性、社会互动性。

①主动建构性：学习不是由教师把知识简单地传递给学生，而是一个学生积极、主动参与的过程。学生不是简单被动地接收信息，而是主动地建构知识的意义，这种建构无法由他人来代替。

②活动情境性：学习需要创设一些具体的教育情境，教师通过情境教学的方式，可以帮助学生更好地理解知识。

③社会互动性：建构主义，尤其是社会建构主义，特别注意强调在他人帮助或者合作学习的方式下进行学习。

（4）教学观。

教学不能无视学习者的已有知识经验，不能简单强硬地从外部对学习者实施知识的"填灌"，而是应当把学习者原有的知识经验作为新知识的生长点。教师不是知识的呈现者，不是知识权威的象征。教师应该重视学生对各种现象的理解，倾听他们的看法，思考他们这些想法的由来，并以此为据，引导学生丰富或调整自己的解释。

2. 论述观察学习的理论。

（1）观察学习的过程与条件。

观察学习的过程包括注意、保持、动作再现、动机。

①注意过程：影响注意的因素有榜样行为的特性、榜样的特征和观察者的特点。

②保持过程：用表象和言语表征在自己的记忆中。

③动作再现过程：记忆中的表象转换成行为。

④动机过程：强化提供了经常性再现示范行为的诱因。

（2）观察学习的规律。

强化可以分为直接强化、替代性强化和自我强化。

①直接强化：直接给予观察者的强化。

②替代性强化：观察者因看到榜样受到强化而受到的强化。

③自我强化：社会向个体传递某一行为标准，当个体的行为表现符合甚至超过这一标准时，他就对自己的行为进行自我奖励。

（3）观察学习理论的应用。

①选择适当的榜样行为并反复示范榜样行为。

②给学生提供再现行为的机会,并促使学生不断进行自我调整。
③及时表扬良好行为,促进学生自我强化。
④要重视榜样的作用,消除社会环境中的不良榜样行为。

3. 论述发现学习的特征。

在布鲁纳看来,学生不是被动、消极的知识接受者,而是主动、积极的知识探究者。

(1)发现学习的过程:布鲁纳认为,在教学过程中,学生是一个积极的探究者。教师的作用是要形成一种学生能够独立探究的情境,而不是提供现成的知识。基于此,发现学习的过程可概括为:创设问题情境—激发探究欲望—提供各种假设—检验假设—验证结论。

(2)发现学习的基本原则:一是教师向学生解释清楚学习情境和教材性质;二是教师结合学生的实际情况组织教材;三是教师根据学生的身心发展水平安排教材的逻辑顺序;四是教师确保材料的难度适中,以维持学生的内部学习动机。

(3)评价:发现学习有利于激发学生的好奇心和求知欲,有利于调动学生学习的内部动机和积极性,有利于培养学生的批判性思维和创造性思维;发现学习对学生的学习基础、教师的教学能力有基本的要求,而且比较耗费时间,学习成效难以保障。

4. 论述加涅关于学习的分类。

(1)加涅从学习水平分类的角度提出了学习的八个层次。

①信号学习:这类学习属于经典性条件反射,学习对某种信号做出某种反应。这是最简单的一种学习,其先决条件是有机体先天的神经组织结构。

②刺激—反应学习:指学习使一定的情境或刺激与一定的反应相结合,并得到加强,学会以某种反应获得某种结果。

③连锁学习:指一系列刺激—反应的联合。

④言语联想学习:与连锁学习一样,只不过它是由言语单位所联结的连锁,如将单个的词语组成句子。

⑤辨别学习:能识别多种刺激的异同之处,并做出对应的反应。辨别学习有两种,即单一辨别与多重辨别。

⑥概念学习：在对刺激进行分类时，能识别它们之间的抽象特征，对同一类别的刺激做出相同的反应。

⑦规则（或原理、法则）学习：指多种概念之间的联合。

⑧解决问题学习：运用已学习过的规则或原理解决问题，以获得更高级的规则或原理。

（2）加涅按照学习结果将学习分为五类：言语信息的学习、智慧技能的学习、认知策略的学习、态度的学习、动作技能的学习。

①言语信息的学习：就是把学习的结果以言语的形式表现出来。

②智慧技能的学习：如果说言语信息的学习主要是把学过的知识以言语的形式表现出来，那么智慧技能的学习就是将学过的知识进行运用，学以致用，主要侧重动脑来解决外部问题。智慧技能按照由低到高依次是辨别、概念、规则、高级规则。

辨别：将一种事物与另外一种事物区分开来，如将 M 和 N 区分开来。

概念：反映某一种事物的本质特征，可以分为具体概念和定义概念。具体概念是指在生活中获得的概念，不能反映事物的本质特征，如白板。定义概念是指通过书面语言的形式下定义，揭示事物的本质特征，如给三角形下定义。

规则：指概念和概念之间的关系，如公式、定理、规律等。

高级规则：用规则解决问题，用多个规则推出一个规则。

③认知策略的学习：主要是指内部调控自己的注意力、记忆力、思维等内部心理过程的技能。

④态度的学习：态度是指对人、事、物的基本倾向，包括对家庭和社会的情感，有关于个人的品德方面，对某种活动表现出来的情感。

⑤动作技能的学习：指通过后天的练习获取一定的肌肉能力，如写字、弹琴等。

5. 论述人本主义教育的特点和启示。

人本主义教育兴起于 20 世纪 70 年代，以人本主义心理学为理论基础。其主要的代表人物有美国人本主义心理学家马斯洛、罗杰斯、弗罗姆和奥尔波特等。

（1）人本主义教育的特点。

人本主义教育围绕人的"自我实现"这一教育目标来展开论述。其主要特点有：凸显人的主体性是教育的出发点和归宿；强调人的理智和情感的和谐一致；注重课程和教学的改革。

（2）启示。

① 改变了传统教学观念。

传统教育观念认为，教师是知识拥有的权威，教师是领导者，学生在知识上接受就可以了。有的观点甚至认为学生是学校生产出来的统一的产品，这使学生失去了个性展示的机会。课堂成了教师的"一言堂"，有个性的学生、爱提问的学生大都会被教师镇压。这些陈旧的观念束缚了学生的个性发展，所有的学生出来都是相似的思维模式，即老师提出问题，教给学生怎样去解答。教师教学内容陈旧、固定，甚至有的学校使用的课本、教案长期不变，教学内容得不到更新。长此以往，造成的结果是学生毕业后，不能很快适应社会，呆板，人际交往能力差，只会按照习惯去处理问题。人主义强调以学生为中心，教师不是灌输学生知识，而是教学生学会学习。针对不同的学生，教师要做到因材施教，为学生提供适合他们的材料、学习手段、学习环境。

② 以学生为主体，调动学生学习积极性，发挥潜能。

人本主义认为，学生本能地对周围事物、环境感到好奇，渴望发现问题，得到知识，解决问题。人本主义把学生看作"人"，相信他们有积极向上的潜能。传统的教育却是，学生在学校接受了很多年的教育后，他们的潜能却被限制住了。在学习的过程中，好奇心是学生学习的动力，教师应创造一切环境保护学生的好奇心，培养学生的兴趣。所以教育教学过程中应该重视学生的情感、兴趣，挖掘他们的潜能，尊重每一个学生的独立人格，保护学生的自尊心。教师要以学生为中心，重视学生的内在需要，选择适合学生的学习内容，这样才能让学生对学习感兴趣，才能调动学生的积极性。

③ 尊重学生，培养和谐的师生关系。

人本主义认为，教师应该尊重学生，对学生怀有真诚的情感。从马斯洛的需要层次理论看，人有得到他人关心和帮助的需要，教师和学生都希望得到对方的关爱、尊重、认可等。所以，良好的师生关系是良好教育教学效果的前提。师生关系要民主、平等，学生能尽情地表露自己的情感和态度；师生之间应该无条件地相互尊重；师生之间应该互相理解。总之，良好的人际关系是学生学习活动成功的保证。

第三章 学习动机

一、重要名词及选择题考点

1. 学习动机

学习动机是指由个体发动的激励、维持学生的学习行为并指向某一学习目标的动力倾向。

（1）学习动机常见的分类有内部动机、外部动机、认知内驱力、自我提高内驱力、附属内驱力等。

（2）学习动机对个体的学习具有引发、定向、维持和调节的作用。

2. 自我效能感

自我效能感是班杜拉提出的，是指人们对自己是否能成功地进行某一行为的主观判断。

影响自我效能感的因素有直接经验、替代经验、言语说服、情绪唤起。

3. 自我价值理论

自我价值理论关注人们如何评价自身价值，以科温顿为代表。

（1）高趋低避型：这类学生拥有无穷的好奇心，对学习有极高的自我卷入水平。他们自信、机智，追求成功，不怕失败，又被称为"成功定向者"或"掌握定向者"。

（2）低趋高避型：这类学生重逃避失败，轻期望成功，不爱学习，害怕失败，被称为"逃避失败者"。

（3）高趋高避型：这类学生既受到成功的诱惑又有对失败的恐惧，容易焦虑，隐晦努力，被称为"过度努力者"。

（4）低趋低避型：这类学生被称为"失败接受者"，不期待成功，对失败也不感到恐惧或羞愧。

二、论述题

1. 简述自我效能感理论及其对学习活动的意义。
2. 简述马斯洛需要层次理论以及对教育的启示。
3. 简述学习动机对学习效率的影响。
4. 联系实际,谈谈教师如何激发学生的学习动机。
5. 简述成败归因理论。
6. 简述目标定向理论。

⟩⟩⟩ 论述题参考答案

1. 简述自我效能感理论及其对学习活动的意义。

自我效能感理论的主要内容如下:

(1)代表人物:班杜拉。

(2)含义:自我效能感是人们对自己是否能成功地进行某一行为的主观判断。

(3)基本观点。

① 班杜拉把强化分为三种:直接强化、替代性强化和自我强化。

直接强化:直接给予观察者的强化。替代性强化:观察者因看到榜样受强化而受到的强化。自我强化:社会向个体传递某一行为标准,个体的行为表现符合自己的标准时,对行为进行自我奖励。

② 自我效能感的作用。

第一,决定人们对活动的选择和对活动的坚持性。

第二,影响人们在困难面前的态度。

第三,影响新行为的获得和习得行为的表现。

第四,影响活动时的情绪。

③ 影响自我效能感的因素。

直接经验:学习者的亲身经验。

替代经验:学习者观察示范者的行为而获得的间接经验。

言语说服:通过说服改变自我效能感的方法。

情绪唤起:情绪和生理状态影响自我效能感的形成。

（4）教育启示（提高学生自我效能感的方法）。
① 传授具体的学习策略。
② 指导学生制定相应的学习目标。
③ 考虑学生对学习内容的真实掌握水平。
④ 将策略训练与学习目标相结合，及时反馈。
⑤ 确保不要过度激起学生的情绪。
⑥ 为学生树立成人或同伴的正面榜样。

2. 简述马斯洛需要层次理论以及对教育的启示。

需要层次理论以马斯洛为代表，分为缺失需要和成长需要。只有缺失需要得到满足后，才能进一步追求成长需要。

（1）缺失需要。

缺失需要包括生理需要、安全需要、归属与爱的需要、尊重的需要。学生在学校里最重要的缺失需要是爱和尊重。

第一，生理需要，即人对食物、水分、空气、睡眠等的需要。

第二，安全需要，即人要求稳定、安全、受到保护、避免焦虑等。

第三，归属与爱的需要，即人需要与他人建立联系或关系，如结交朋友、追求爱情等。

第四，尊重的需要，即自尊和希望受到别人的尊重。

（2）成长需要。

缺失需要得到满足后，个体会开始追求成长需要，它包括求知与理解的需要、美的需要、自我实现的需要。

第一，求知与理解的需要，即人们对知识的渴望和追求。

第二，美的需要，即人们对美的体会和感悟，发现美、欣赏美、创造美的需要。

第三，自我实现的需要，即人们发挥自我价值，完成自我实现的需要。

马斯洛的需要层次理论表明，学生缺乏学习动机，在一定程度上可能是某种缺失需要没有得到充分满足引起的。例如，家境贫寒使得温饱不能满足；父母离异让孩子丧失归属感并缺乏爱等。因此，教师不仅要在学业学习方面主动帮助学生，也要在生活与情感方面积极地关心学生，爱护学生，让学生感受到教师对他们的尊重和爱护。

3. 简述学习动机对学习效率的影响。

学习动机强度与学习效果之间的关系受学习者的个性、课题性质、学习材料难易程度等因素的影响。耶克斯—多德森定律曲线揭示了动机强度和学习材料难易程度之间的关系。

（1）从事比较容易的学习活动，动机强度的最佳水平点较高。即面对容易的学习活动时，需要持有较高的学习动机，才能取得较好的学习效果。比如，大部分学生过不了英语四、六级考试，是由于英语四、六级考试本身较为简单，学生的动机强度不高，裸考导致成绩不高。

（2）从事比较困难的学习活动，动机强度的最佳水平点较低。即面对比较困难的学习活动时，需要持有较低的学习动机，才能取得较好的学习效果。比如考研难度较大，大部分学生由于动机过高，导致焦虑，没有合理复习，成绩不高。

（3）从事难度适中的学习活动，动机强度的最佳水平点较为适中。即面对难度比较适中的学习活动时，需要持有适中的学习动机，才能取得较好的学习效果。比如期末考试难度适中，学生合理复习，动机中等，会取得不错的成绩。

4. 联系实际，谈谈教师如何激发学生的学习动机。

（1）教学吸引。

① 利用灵活的教学方式唤起学生的学习热情。

② 加强教学内容的新颖性，吸引学生的注意力。

③ 充分调动学生在课堂练习中的积极性。

（2）兴趣激发。

① 利用教师期望效应培养学生的学习兴趣。

② 利用已有的动机和兴趣形成新的学习兴趣。

③ 加强课外活动指导，发展学习兴趣。

（3）反馈评定。

① 学习结果的反馈要及时。

② 学习结果的反馈要具体。

③ 学习结果的反馈要经常给予。

（4）奖励与惩罚。

① 正确运用奖励和惩罚是激发学生学习动机的重要手段之一。

② 表扬和奖励比批评和指责更能有效激发学生的学习动机。

③ 奖励要恰当。

A. 奖励不是万能的，奖励会让学生将注意力放在事情外部而不是任务本身；B. 奖励时间和方式要恰当；C. 奖励的是不感兴趣但是需要完成的任务；D. 奖励的内容属于社会性的而不是物质性的；E. 奖励最好用于常规任务而不是新任务，用于具体的、有目的的学习任务而不是偶然的学习任务。

（5）合作与竞争。

① 合作型目标结构能最大限度调动学生学习的积极性，要使合作学习有效，必须将小组奖励和个体责任相结合。

② 少用、慎用竞争，可以按能力分组。

（6）归因指导。

① 了解学生的归因倾向。

② 创设情境，让学生获得成败体验，特别是要让学生体验到努力就能取得成功。

③ 让学生对自己的成败进行归因。

④ 引导学生进行积极的归因。

5. 简述成败归因理论。

美国心理学家维纳系统地提出了动机的归因理论，证明了成功与失败的因果归因是成就活动过程的中心要素。他发现，人们倾向于将活动成败归结于六个因素即能力高低、努力程度、任务难度、运气好坏、身心状态、外界环境等；三个维度即内部与外部、稳定与不稳定、可控与不可控。

能力高低属于内部的、稳定的、不可控的因素。努力程度属于内部的、不稳定的、可控的因素。任务难度属于外部的、稳定的、不可控的因素。运气好坏属于外部的、不稳定的、不可控的因素。

（1）内外维度：成功归因于内部因素，会有自豪感；归因于外部，会有侥幸感；失败归因于内部因素，会羞愧；归因于外部，会生气。

（2）稳定性维度：成功归因于稳定因素，会自豪；归因于不稳定，会侥幸；失败归因于稳定因素，会绝望；归因于不稳定，会生气。

（3）可控性维度：成功归因于可控因素，会积极争取；不可控，不会产生过多动力；失败归因于可控因素，会继续努力；不可控，会绝望。

（4）习得性无助：失败归因于内部、稳定、不可控的因素时，会产生习得性无助。

6. 简述目标定向理论。

（1）代表人物：德维克。

德维克认为，人们对于能力有两种不同的观念。一种是能力实体观，认为能力是稳定的，不可变的；一种是能力增长观，认为能力是不稳定的，可以随着知识的学习和技能的培养而加强。

（2）基本观点。

两类目标定向。

① 掌握目标定向：又称任务卷入的学习者。个体的目标定位在掌握知识和提高能力上，认为达到以上目标就是成功。个体对自己的评价往往依据任务标准和自我标准，关注能否掌握目标，而不是与他人比较。

② 表现目标定向：又称个体卷入的学习者。个体的目标定位在好名次和好成绩上，认为只有赢了才算成功。个体对自己的评价往往依据一定的外在标准，常把自己和别人进行比较。

第四章 知识的建构

一、重要名词及选择题考点

1. 学习迁移

一般地说,学习迁移是指一种学习对另一种学习的影响,或已经获得的知识经验对完成其他活动的影响。(1)建构主义的迁移观认为,所谓学习迁移,实际上就是认知结构在新条件下的重新建构。(2)迁移不仅发生在知识和技能的学习中,还体现在态度与行为规范的形成中;不仅表现为先前学习对后继学习的影响,还表现为后继学习对先前学习的影响;这种影响可以是积极的也可以是消极的。

2. 知识

知识是人对事物属性与联系的能动反映,是通过人与客观事物的相互作用而形成的。人们可以通过学习和交往,借助公共知识来发展自己的个体知识。根据知识解决问题的功能,可以将知识分成陈述性知识和程序性知识。①陈述性知识是指知识反映事物的形态、内容及变化发展的原因,说明事物是什么、为什么、怎么样等问题。②程序性知识是指用于具体情境的算法或一套操作步骤,说明做什么、怎么做的问题,解决个体从不会做到会做,再到熟能生巧的过程。

3. 特殊迁移和非特殊迁移

(1)特殊迁移:某一领域或课题的学习对学习另一领域或课题产生影响。例如,数学学习对物理学习的影响。

(2)非特殊迁移:迁移产生的原因还不明确,既可能是原理、原则的迁移,也可能是态度的迁移。例如,态度的迁移,在数学中养成的严谨的态度,可以影响对其他事情的处理。

4. 概括化理论

概括化理论由贾德提出，认为产生迁移的关键是学习者在两种活动中概括出它们之间的共同原理。学习者在一种活动中习得的一般原理原则可以部分地或全部地运用到另一种活动的学习中。

二、论述题

1. 简述影响知识理解的因素。
2. 简述促进学习迁移的措施。

>>> 论述题参考答案

1. 简述影响知识理解的因素。

（1）客观因素。

① 学习材料的内容：主要指学习材料的意义性、相对复杂性和难度，以及学习内容的具体程度。

② 学习材料的形式：学习材料在表达形式上的直观性会影响学习者的理解。直观的方式包括实物、模型和言语。

③ 教师言语的提示和指导。

（2）主观因素。

① 原有的知识经验背景：知识背景既包括直接的基础性知识，也包括相关领域的知识，以及更一般的经验背景；既包括学习者在学校学习的正规知识，也包括日常直觉经验。

② 认知结构的特征：认知结构中是否有适当的、可以与新知识挂钩的观念；新学习材料与原有观念之间的可辨别性；认知结构中起固定作用的观念是否稳定、清晰。

③ 主动理解的意识与方法：主动理解的意识倾向，即学习者有意识地把自己的注意力集中在知识间的联系上。主动理解的策略与方法有：加题目，列小标题，提问题，说明目的，总结或摘要，画关系图或列表。

④ 学生的能力水平：主要包括学生的认知发展水平和学生的语言能力。

2. 简述促进学习迁移的措施。

教育系统中，教学的目标是使学生接收和掌握经验，以及形成和发展学生的能力和品德，而迁移是实现这一目标的有效途径，也是检验教学目标是否达到的可靠标志。因此，在实际教学中，应该掌握和应用学习迁移的规律，以提高教学成就。

（1）整合学科内容。教师应注意把各个独立的教学内容整合起来，注意各门学科之间的横向联系，要鼓励学生把在某一门学科中学到的知识运用到其他学科中。

（2）加强知识联系。教师应重视简单的知识技能和复杂的知识技能、新旧知识技能之间的联系。要促使学生把已学过的内容迁移到新知识上去，可以通过提问、提示等方式，使学生利用已有知识来理解新知识。这就是所谓的纵向迁移。

（3）重视学习策略。教师要有意识地教学生学会如何学习，帮助他们掌握概括化的认知策略和元认知策略。认知策略和元认知策略是可教的，教授学习策略就会促进学习迁移。

（4）强调概括总结。教师要有意识地启发学生对所学内容进行概括总结。一方面，教师可以引导学生自己总结出概括化原理，培养和提高概括总结的能力，充分利用原理、原则的迁移。另一方面，教师在讲解原理、原则时要尽可能用丰富的举例，帮助学生尽可能把原理、原则的运用带入其他情境或实践中。

（5）培养迁移意识。教师通过反馈和归因控制等方式使学生形成关于学习的积极态度，鼓励学生大胆进行迁移，将知识灵活应用。

第五章 技能的形成

一、重要名词及选择题考点

1. 心智技能

心智技能又称智慧技能或智力技能。（1）心智技能是一种借助内部语言在人脑中进行的认知活动方式，如默读、心算、写作、观察和分析等技能。（2）心智技能具有观念性。它是一种观念活动，如法则、规则运用自如。（3）心智技能具有内潜性。它是借助内部言语在头脑里默默地进行。（4）心智技能具有简缩性。它是从完整到压缩、简化。

2. 高原现象

高原现象是指在学习或技能的练习过程中出现的暂时停顿或者下降的现象。在成长曲线上表现为保持一定水平而不上升，或者有所下降，但在突破"高原时期"之后，又可以看到曲线继续上升。高原现象可能是由于学习动力不够，知识结构有局限或者运用能力不够而导致的，当改变当前学习的策略后会逐渐度过高原时期。"高原现象"是学习过程必须经过的阶段之一。

二、论述题

1. 简述技能的练习对教育的启示。
2. 简述加里培林的智能训练阶段理论。

》》》 论述题参考答案

1. 简述技能的练习对教育的启示。

（1）技能的练习过程。

① 指导与示范：掌握相关知识，明确练习目的和要求，形成正确

的动作映象,获得一定的学习策略。

②学习者遵循练习曲线进行练习。

练习曲线是指在连续多次的练习过程中所发生的动作效率变化的图解。学生动作技能的形成过程中,普遍存在以下几种情况:第一,练习成绩逐步提高;第二,练习中的高原现象,即练习到一定阶段出现进步暂时停顿的现象;第三,练习成绩的起伏现象;第四,学生动作技能形成中的个别差异。

③在练习时间安排上,力求集中练习和分散练习相结合。

④反馈:及时让学生了解自己的练习结果。注重对学生的结果反馈、情境反馈、分情况反馈、内在的动觉反馈。

(2)对教育的启示。

①教师要进行指导与示范,并把学习策略教给学生。

②教师要关注学生学习中的高原现象,鼓励学生不要气馁和灰心,继续努力或许会有质的进步。

③教师在安排作业时,也要注意集中练习和分散练习,多加复习。

④教师要根据学生的不同特点分情况及时反馈。反馈的同时要帮助学生制订可实施的计划,并落实到实际行动中。

2. 简述加里培林的智能训练阶段理论。

(1)活动定向阶段:这是领会活动任务的阶段。在从事某种活动之前需要先了解做什么和怎么做,从而在头脑中形成对活动本身和活动结果的表象,进行对活动本身和活动结果的定向。

(2)物质活动或物质化活动阶段:这是直观中的两种基本形式。物质活动是运用实物的教学;而物质化活动则是物质活动的一种变形,是指利用实物的模型,如示意图、模型、标本等进行的活动。

(3)有声的言语活动阶段:这是出声说话的阶段。在这一阶段,学生的学习活动已不直接依赖实物或模型,而是借助出声的外部言语的形式来进行。

(4)无声的外部言语活动阶段:这一阶段是出声的言语活动向内部言语活动转化的开始。在这一阶段,学生以词的声音表象、动觉表象为支柱进行智力活动,要求学生对言语机制进行很大的改造,需要重新学习。

（5）内部言语活动阶段：这是智力活动的最后阶段。学生凭借简化了的内部言语，似乎不需要多少意识的参与就能"自动化"地进行智力活动，特点是简缩和自动化。

第六章
学习策略及其教学

 重要名词及选择题考点

1. 精细加工策略

精细加工策略属于学习策略的一种,是将新学材料与头脑中已有知识联系起来,从而增加新信息的意义的深层加工策略。

具体的精细加工策略有位置记忆法、首字联词法、谐音联想法、关键词法、视觉想象法等。

2. 元认知策略

元认知策略是学习者对自己的认知过程及结果的有效监视及控制的策略,即对认知的认知策略。也就是说,个体知道自己在想什么、干什么、干得怎么样及其情感体验。元认知策略包括计划、监视、调节。

(1)计划策略包括设置学习目标、浏览学习材料、分析完成任务的方法等。

(2)监视策略主要包括领会监视和集中注意。

(3)调节策略是根据对认知活动结果的检查,如果发现问题、遇到困难或偏离目标时,采取相应的补救措施,或者根据对认知策略的效果的检查,及时修正、调整认知策略。

3. 学习策略

学习策略是指学习者为了提高学习的效果和效率,有目的、有意识地制订有关学习过程的复杂方案。其特征有主动性、有效性、过程性和程序性。

常见的学习策略有认知策略、元认知策略、资源管理策略。

第七章 问题解决能力与创造性的培养

一、重要名词及选择题考点

1. 晶体智力

美国心理学家卡特尔将智力的构成分为晶体智力和流体智力两大类。晶体智力指人后天习得的能力，与文化知识、经验的积累有关，并不随着年龄的老化而减退，如知识的广度、判断力、常识等。

从时间上看，流体智力在人的成年期达到高峰后，就随着年龄的增大而逐步衰退；而晶体智力不但不减退，反而会上升。

2. 多元智力理论

多元智力理论是由美国教育学家和心理学家加德纳所提出的。

（1）加德纳认为，人的智力是多元的，每个人身上至少存在七项智能，即语言智能、数理逻辑智能、音乐智能、空间智能、身体运动智能、人际交往智能、自我认识智能；智能的分类也不单纯局限于这七项，随着研究的深入，会鉴别出更多的智能类型或者对原有智能分类加以修改，如加德纳后续又提出了第八种智能——认识自然的智能。

（2）启示：重视人的全面化、多样化发展；倡导积极平等的学生观；倡导因材施教的教学观；倡导多样化的评价观。

3. 创造性

创造性是指个体产生新奇独特的、有社会价值的产品的能力或特性，也称为创造力。创造性具有流畅性、变通性和独特性的特点。

（1）流畅性是指针对问题（发散点）从不同角度在短时间内反应迅速而众多的思维特征。

（2）变通性也就是思维的灵活性，它要求能针对问题（发散点）从不同角度用多种方法思考，能举一反三、触类旁通。

（3）独特性是指针对问题（发散点）用新角度、新观点去分析，提出独特的、有新颖成分的见解。

4. 思维定势

思维定势，也称"惯性思维"，是由先前的活动而造成的一种对活动的特殊的心理准备状态，或活动的倾向性。

（1）在环境不变的条件下，定势使人能够应用已掌握的方法迅速解决问题。

（2）在情境发生变化时，定势则会妨碍人采用新的方法。

（3）消极的思维定势是束缚创造性思维的枷锁。

（4）作为教师，应该引导学生根据不同情境对解决问题的策略有所调整，打破思维定势的习惯。

二、论述题

1. 简述智力三元理论。
2. 简述加德纳的多元智力发展理论。
3. 简述创造性的心理结构。
4. 简述影响问题解决的主要因素。
5. 简述一般问题解决的基本过程。
6. 简述创造性的含义及其培养措施。

 论述题参考答案

1. 简述智力三元理论。

美国心理学家斯腾伯格创造性地提出了智力三元理论。他认为，人类的智力是由连接的三边关系组合的智力统合体。组成智力统合体的三个方面分别是智力成分亚理论、智力经验亚理论和智力情境亚理论。

（1）内容。

①智力成分亚理论。

智力成分亚理论指个体在问题情境中运用知识分析资料，通过思维、判断推理以达到问题解决的能力。它包括三种成分及相应的三种过程,即元成分、操作成分和知识获得成分。

②智力经验亚理论。

智力经验亚理论指个体运用既有经验处理新问题时,统合不同观念而形成顿悟或创造力的能力。它包括两种能力:一种是处理新任务和新情境时所要求的能力;另一种是信息加工过程自动化的能力。

③智力情境亚理论。

智力情境亚理论指个体在日常生活中,运用学得的知识经验以处理日常事务的能力。在日常生活中,智力表现为有目地适应环境、塑造环境和选择新环境的能力。

(2)智力三元理论的影响。

①改变了传统的人才观,树立了"成功并非少数高智商者的特权,人人都可以成功"的理念。

②改变了传统的学生观,鼓励学生发挥自己的优势,开发学生的潜能,争取最大限度的成功。

③改变了传统的课程观,不只关注课堂教学活动,也要重视课外活动、社会实践,重视文化背景的影响和作用。

④改变了传统的教学观,不仅重视知识的学习以及一般的认知加工,也要重视元认知能力的培养和发展。

⑤改变了传统的教育观,不只重视分析能力的培养,也要重视实践和创造能力的培养。

⑥改变了传统评价观,不只关注传统的测验,也要关注生活、平等、全面地评价学生。

2. 简述加德纳的多元智力发展理论。

美国心理学家加德纳认为,每个个体除了语言智力、逻辑-数学智力两种基本智力外,还有音乐智力、空间智力、身体-运动智力、人际关系智力和自我认识智力等多种智力。

(1)语言智力:指的是人对语言的掌握和灵活运用的能力,表现为个人能顺利而有效地利用语言描述事件、表达思想并与他人交流。

(2)逻辑-数学智力:指的是对逻辑结构关系的理解、推理、思维表达能力,主要表现为个体对事物间各种关系如类比、对比、因果和逻辑等关系的敏感,以及通过数理进行运算和逻辑推理等。

（3）音乐智力:指的是个体感受、辨别、记忆、表达音乐的能力,表现为个体对节奏、音高、音色和旋律的敏感,以及通过作曲、演奏、歌唱等形式来表达自己的思想或感情。

（4）空间智力:指的是个体对色彩、形状、空间位置等要素的准确感受和表达能力。

（5）身体-运动智力:指的是个体的身体的协调、平衡能力和运动的力量、速度、灵活性等。

（6）人际关系智力:指的是个体对他人的表情、说话、手势、动作的敏感程度,以及对此做出有效反应的能力。

（7）自我认识智力:指的是个体认识、洞察和反省自身的能力。

加德纳的多元智力发展理论的创新在于,它突破了传统的智力范畴,提出了多维智力的理念,并引发了人们对教育、人才、智力开发、教育评价的思考。另外,加德纳既注重神经生理学证据,又不忽视社会文化的作用,也使得其理论更具说服力。因此,其理论在世界范围内对教育理论和教育实践都有极大的影响力。

3. 简述创造性的心理结构。

创造性是由多种心理品质有机结合而构成的心理结构系统,主要包括创造性认知品质、创造性人格品质和创造性适应品质。

（1）创造性认知品质。

创造性认知品质是指创造性心理结构中与认知加工有关的部分,它是创造性心理活动的核心,主要包括创造性想象、创造性思维、创造性认知策略三方面。

① 创造性想象是在人脑中对已有表象进行选择、加工和改组,形成独特的新形象的心理过程。

② 创造性思维是创造性认知品质的核心,是指用超常规方法,重新组织已有知识经验,产生新方案和新成果的心理过程。创造性思维具有流畅性、变通性、独特性的特征。

③ 创造性认知策略是指有效进行创造性思维和想象的方法和操作程序。

（2）创造性人格品质。

创造性人格品质是指有创造性的人具有的个性品质，对创造性发挥着极其重要的推动作用。创造性人格品质包括创造性动力特征、创造性情意特征和创造性人格特质等。

① 创造性动力特征主要表现为创造性动机，它反映的是个体从事创造性活动的目的和意图。根据创造性动机对创造性活动的不同影响，可以分为外部动机和内部动机。

② 创造性情意特征主要包括创造性情感和创造性意志两方面。

③ 创造性人格特质主要表现为克服困难的意志力、动机、求知欲、冒险精神及对认可的期望等。

（3）创造性适应品质。

创造性适应品质是指个体在其创造性认知品质和创造性人格品质的基础上，在其特定年龄阶段所规定的社会生活背景中，通过对社会生活环境的交互作用，表现出对外在社会环境进行创造性的操作应对，对内在创造过程进行调适的创造性行为倾向。创造性适应品质具体表现为创造的行为习惯、创造策略和创造技法的掌握运用等。

个体内在的创造性认知特点和人格特质是创造性行为倾向产生的内在条件，特定的社会生活环境是创造性行为倾向的外在条件，而个体与社会环境的交互作用是创造性行为倾向形成的决定性因素。

4. 简述影响问题解决的主要因素。

（1）有关的知识经验。

有关的知识经验是影响问题解决的个人因素，如果个体有与问题相关的背景知识，则可以促进问题的表征和解答。只有依据有关的知识才能为问题的解决确定方向、选择途径和方法。

（2）个体的智能与动机。

① 个体的智能。个体的智力水平是影响问题解决极其重要的因素。因为智力中的推理能力、理解力、记忆力、信息加工能力和分析能力等都影响着问题解决，也影响问题解决的方法。

② 个体的动机。动机是促使问题解决的动力因素，对问题解决的思维活动有重要影响。动机的性质和动机的强度会影响问题解决的

进程。

  A. 在一定限度内，动机强度和解决问题的效率成正比，动机太强或太弱都会降低解决问题的效率。

  B. 就动机的性质来说，如果个体的动机越积极，越有社会价值，它对个体的活动的推动力就越大。

  C. 就动机的强度来说，它对问题解决的思维活动的影响比较复杂。一般情况下，当个体具有某种问题解决的强烈动机时，才能以积极的态度去寻求问题解决的途径、方法；相反，动机强度太弱，对问题解决漠不关心，自然不能调动个体问题解决的积极性，就不会主动、积极地寻求问题解决的途径、方法。

  D. 动机强度与问题解决的思维活动效率之间并不总是呈正相关。动机强弱与问题解决的关系，可以描绘成一条"倒U形线"。适中的动机强度最有利于问题的解决。

  （3）问题情境与表征方式。

  问题情境是指个体面临的刺激与其已有知识结构之间形成的差异。实际教学中发现，学生解决抽象而不带具体情节的问题时比较容易，解决具体而接近实际的问题比较困难。

  问题表征是指信息在头脑中的呈现方式，它是影响问题解决的重要因素。问题表征是对问题呈现的内化，是关于问题呈现的内在心理状态。因此，对问题的表征是否恰当，会直接影响问题解决的难易和速度。

  （4）思维定势与功能固着。

  ① 思维定势。

  思维定势是指在问题解决的过程中做了特定加工的准备，这一特定加工模式是已知的、事先有所准备的，它影响着后继活动的趋势、程度和方式。思维定势强调的是事物间的相似性和不变性。

  所以，当新问题相对于旧问题是相似性起主导作用时，由旧问题所形成的思维定势有利于新问题的解决；当差异性起主导作用时，思维定势往往有碍于新问题的解决。

  ② 功能固着。

功能固着是德国心理学家邓克尔提出的，是指个体看到某个物品有一种惯常的用途后，就很难看出它的其他新用途。它往往影响人们解决问题的灵活性。比如，大部分人认为烛台可以用来放蜡烛，却忽视了它可以敲碎玻璃进行逃生的作用。

（5）原型启发与酝酿效应。

原型启发是指在其他事物或现象中获得的信息对解决当前问题的启发。其中，对解决问题具有启发作用的事物或现象叫作原型。在问题解决过程中，由于原型与要解决的问题之间存在着某种共同点或相似之处，因此原型启发具有很大的作用。

作为原型的事物或现象多种多样，存在于自然界、人类社会和日常生活之中。例如，人类受到飞鸟和鱼的启发发明了飞机和轮船，受蒲公英轻飘飘随风飞落的启发制成了降落伞。

酝酿效应又称直觉思维。当一个人长期致力于某一问题的解决而又百思不得其解的时候，如果他暂时停下对这个问题的思考而去做别的事情，几小时、几天或几周之后，他可能会忽然想到解决的办法，这就是酝酿效应。

5. 简述一般问题解决的基本过程。

基克等人认为，一般性问题的解决策略包括四个阶段，并在此基础上提出了一般性问题的解决策略的教学模式。

（1）理解和表征问题阶段。解决问题的第一步是要理解和表征问题，搞清楚问题到底是什么，即从哪些角度看待问题，包括问题的目标、条件和可用的操作。这一阶段需要完成以下几个方面工作：一是识别有效信息；二是理解信息的含义；三是整体表征（理解问题的整体情境）；四是问题归类。

（2）寻求解答、确定认知操作阶段，即运用一定的问题解决策略来解决问题。问题解决策略主要有两种类型：算法式和启发式。

① 算法式。算法式就是为了达到某一个目标或解决某一个问题而采取的一步一步的程序。如果个体选择的算法合适，并且又能正确地完成这种算法，那么他就能获得一个正确答案。

② 启发式。启发式就是根据目标的指引，试图不断将问题状态转

换成与目标状态相近的状态，从而试探那些只对成功趋向目标状态有价值的操作。个体凭借已有的经验，采用较少的操作来解决问题的方法，主要有手段—目的分析法、逆向反推法、爬山法和类比思维四种。

A. 手段—目的分析法。

把总目标分为许多子目标，将问题划分成许多子问题后，寻找解决每个子问题的手段。比如，让某些学生写一篇20页的论文是很头疼的事，但如果先让他们进行选题，然后查资料，做开题报告，再完成论文，则会变得比较容易接受。

B. 逆向反推法。

从目标开始状态出发，倒推达到目标所需的前一个中间状态及其算子，一直推到初始状态。这种方法对解决几何证明题非常有效。

C. 爬山法。

爬山法的基本思想就是先设定一个目标，然后选取与起始点邻近的未被访问的任一节点，向目标方向移动，逐步接近目标。这就像爬山一样，如果在山脚下，要想爬到山顶，就得一点一点地往上爬，一直爬到最高点。有时先得爬上矮山顶，然后再下来，重新爬上最高的山顶。因此，爬山法只能保证爬到眼前山上的最高点，而不一定是真正的最高点。

D. 类比思维。

当面对某种问题情境时，可以运用类比思维，先寻求与此有些相似的情境的解答。

（3）执行策略阶段。当表征某个问题并选好某种解决方案后，下一步就要执行计划、尝试解答。

（4）评价结果阶段。当选择并完成某个解决方案后，还应对结果进行评价，以确定对问题的分析是否正确、选择的策略是否合适、问题是否得到解决等。评价结果的方法之一，就是寻找能够证实或者证伪这种解答的证据。

6. 简述创造性的含义及其培养措施。

（1）创造性的含义。

创造性是指个体利用一定的内外条件，根据一定的目的和任务，开展能动思维活动,产生出某种新颖、独特、具有社会或个人价值的产品的心理特性。创造性的心理结构包括创造性认知品质、创造性人格品质、创造性适应品质。

（2）创造性的培养措施。

① 鼓励创造有利环境。在社会环境、学校环境、家庭环境三方面营造有利于学生创造的环境。

② 培养创造型教师队伍。转变教师的教育教学观念,教给教师必要的创造技法和思维策略,提高他们自身的创造意识和能力,鼓励教师使用创造性的教学范例和模式。

③ 培育创造意识,激发创造动机。要树立创造信心,激发创造热情,磨砺创造意志,培养创造勇气。

④ 开设创造性课程,如创造发明课、自我设计课、推测课、假设课、发散思维训练课等。

⑤ 塑造创造人格。保护好奇心,解除对错误的恐惧心理,培养冒险性和挑战性,鼓励独创性与多样性,培养自信、乐观、忍耐、合作、严谨等品质。

⑥ 培养创造性思维。创造性思维训练是培养学生创造性中用得最多的方法,也是最重要的一项内容,主要包括思维的流畅性、变通性、独特性和辩证性训练等。较有代表性的训练方法有头脑风暴法、分合法、联想技术、直觉思维训练与头脑体操法等。

⑦ 培养创造技法,如类比思考法、移植思考法、逆向思考法、扩加法或缩减法等。

第八章
态度与品德的学习

论述题

1. 简述品德不良的成因及纠正与教育。
2. 简述皮亚杰的道德发展阶段理论。

论述题参考答案

1. 简述品德不良的成因及纠正与教育。

（1）学生品德不良的客观原因。

① 家庭方面。

家庭结构不良因素的消极影响，如自然结构的破坏、关系结构的破坏、家庭意识的不良、家长的不良性格的影响。家庭教育功能不良的消极影响，如教育条件与水平较差、对子女教育不够重视、错误的家庭教育态度与方式方法、重智轻德、忽视子女身心健康、对子女宽严失度等。

② 学校方面。

学校教育与家庭教育脱节，互不沟通，互不配合，削弱了教育的力量。一些教师缺乏正确的教育思想，对学生不能一视同仁。有少数教师本身缺乏师德或者品德不良，给学生带来直接的不良影响。

③ 社会方面。

随着学生年龄的增大，越来越广泛地接触社会的各个方面，社会对他们的影响也越来越大。如社会中不良价值观的影响，各种错误思想的影响。社会上具有各种恶习的人，尤其是坏人的教唆导致学生品德不良。

（2）学生品德不良的主观原因。

① 缺乏正确的道德观念，法制观念淡薄。
② 缺乏道德情感或情感异常。
③ 明显的意志薄弱与畸形的意志发展。

④ 养成了不良的行为习惯。
⑤ 青少年学生的心理内部矛盾。
（3）品德不良的纠正与教育。
① 培养正确的道德观念，提高学生明辨是非的能力。
② 培养深厚的师生感情，消除学生的疑惧心理和对抗情绪。
③ 保护和利用学生的自尊心，培养集体荣誉感。
④ 加强道德意志训练，增强抗诱惑能力，培养良好的行为习惯。
⑤ 针对学生的个别差异，采取灵活多样的教育措施。

2. 简述皮亚杰的道德发展阶段理论。

皮亚杰认为，随着认知能力的发展，儿童道德认知发展经历了一个从他律到自律的过程。在此之前，儿童还要经历一个具有自我中心的规则概念的阶段，即前道德阶段。

（1）无律期（前道德阶段）。

在皮亚杰看来，5岁左右的幼儿以"自我中心"来考虑问题，对引起事情的结果只有朦胧的了解，其行为直接受行为结果支配。他只做规定的事情，因为他想避免惩罚或者得到奖励。因此，这一阶段的儿童既不是道德的，也不是非道德的。随着年龄的增长才能对行为做出判断。

（2）他律期。

5~8岁的儿童处于他律道德阶段，这一阶段儿童的道德认知一般是服从外部规则，接受权威指定的规范。他们只根据行为后果来判断对错。有人称该时期为道德现实主义或他律的道德。

（3）自律期。

自律期也就是自主期，9~11岁的儿童进入自律道德阶段。道德发展到这个时期，儿童不再是无条件地服从权威。

皮亚杰认为，儿童的道德发展源于主体与社会环境的积极的相互作用。他强调儿童在发展中的自主性。因此他特别强调儿童的自我管理和自我发展，强调充分发挥儿童的自主性、能动性，以促进儿童道德观念的发展和道德水平的提高。同时，皮亚杰也认为集体和同伴对儿童道德发展也有重要意义。

下 篇

今年全国硕士研究生招生考试教育专业学位硕士教育综合科目新增了材料分析题,我们可以进一步拆分为案例题和材料题。这两种题型的区别在于:

案例题的材料具有鲜活的案例性质,描述真实的教育事件或情境,考生需要分析具体案例,提出解决方案。这要求考生有识别和分析教育问题的能力,并能够在具体情境下提出实际可行的问题解决之道。

而材料题的材料不一定是真实案例,可以是理论著作、研究报告、政策文件、统计数据等。这要求考生有区分不同材料性质的能力,能够从中提取信息并进行综合判断、表达自己的观点。

两种题型联合使用,可以全面考查考生分析问题和运用知识的能力。

接下来我们将以例题的方式,介绍常见的案例题和材料题答题的方式。

一、案例题

案例题常用于考查教育学原理和教育心理学等理论知识的应用能力。这是因为这些知识重在考查理论知识在实践中的运用,而案例题正好提供了真实的教育情境,考生可以运用理论知识进行分析和解决问题。

教育史的知识则更侧重于考查考生对理论知识本身的记忆和理解,用普通的论述题更能直接检验考生对知识的掌握程度。

案例题的答题逻辑主要包括以下几个方面:

1. 描述及概括案例情景。首先对案例的人物、事件等要素进行概括性描述,让阅卷老师理解案例的具体情境,这是答题的基础。

2. 分析案例中的教育问题。根据案例情景分析案例中存在的教育问题,如师生关系、教学方法、学生行为等方面存在的问题,这是答题的重点内容。

3. 评价教师或主角的做法。分析教师或主角在案例中采取的方法和措施是否得当,理由是什么,这也是答题的一部分。

4. 提出自己的建议或解决方案。在分析问题的基础上，针对问题提出自己的建议或解决方案，这能体现出考生对教育学知识的运用能力。

5. 总结案例。对案例进行简要总结，如案例的教育意义、启示等，让阅卷老师对考生的答题有一个整体的评价，这是答题的最后一部分。

6. 逻辑清晰连贯。上述各部分内容的表达要清晰连贯，不可杂乱无章，这是整篇答案的基本要求。

7. 理论联系实践。在分析评价和提出建议时要运用与案例相关的理论知识，体现理论联系实际的能力，这是高分答案的关键。

总之，良好的案例题答题逻辑应以对案例情境的描述为基础，然后分析问题并评价做法，再提出解决建议，最后进行简要总结。答案表达要清晰，各部分要有机衔接，并运用教育理论知识进行分析和论证。

案例一

评析下述案例中的教育内容、教育方法和师生关系。

某班有个名叫张亮的9岁小男孩，患有轻度小儿麻痹症，是全班捉弄的对象。他拉不开夹克衫拉链，课间休息在操场上做游戏动作不协调，诸如此类的事情常使他遭到同学的取笑。每当张亮遭到嘲笑和捉弄，就会非常伤心，甚至上课时也会哭泣。有一天，张亮没来上学。班主任华老师抓住这个机会，要求全班学生讨论一下班级里存在的这个严重问题。学生们听到老师说这是一个"问题"时，都感到十分惊讶，但他们还是围在一起展开了讨论。

华老师解释说："有的人得过某些病后，就不能像正常人那样行动自如。我不知道，如果你们自己做不了一些事情，还被其他小朋友取笑，你们会是什么样子？"

教室里一片安静。华老师说话的语气不温不火，充满了关爱。

有个女孩开始说话了："小明和小刚取笑张亮的时候，我感到非常难过。"

小明马上应道："我不是想伤害他呀。"

讨论继续进行着，几乎每个学生都发了言。有些学生站在张亮的立场上看问题。冬冬说："如果有人那样取笑我，我会很生气，很难过。"丽丽提出了"公平"问题："那不公平——就像我们做游戏时那样，故意跑得那么快，而张亮没有办法跑快，我们是在作弊。"

这是一场充满感情的讨论，但华老师没有做任何总结就结束了。第二天，张亮回到学校，有好几个学生主动上前帮他拉夹克拉链。课间休息时，张亮和大家玩游戏，竟然赢了三回。日子一天天过去，取笑人的现象再没有发生。

答题逻辑：

对于这类教育案例分析题，我们可以采取以下的答题逻辑：

1. 理解案例情境和关键问题。首先要理解案例描述的具体情境与事件，找出案例反映的关键问题，这是后续分析的基础。

2. 分析教育内容与价值。分析案例中体现的教育理念和教育学知识，评价其教育价值，看其是否科学合理。这个案例中体现了人性教育的理念，该老师重视培养学生的同理心与公平意识，这些教育内容显然是非常宝贵的。

3. 评析教学方法的合理性。分析老师在案例中采用的教学方法，判断其是否得当与有效，能否达到教育目的。在这个案例中，华老师采用讨论法并采取少干预的方式引导学生讨论，这种教学方法非常得当，达到了很好的教学效果。

4. 分析师生关系。通过案例内容判断老师与学生之间的关系，看其是否融洽，能否成为有效教育的基础。这个案例显示华老师与学生关系密切，建立在信任与理解基础之上，这是成功教育的前提。

5. 总体评价。根据以上分析，对案例的教育内容、教学方法与师生关系进行综合评价，判断其教育效果如何。这是一个成功的教育案例，其教育内容价值高，教学方法得当，师生关系融洽，教育效果显著。

参考答案：

（1）在此案例中，华老师组织了多方面的内容教育学生。华老师通过组织班级讨论，给学生讲解小儿麻痹症患者动作困难的原因，使同学们正确认识小儿麻痹症的症状，让同学们以体谅的模式，理解张亮同学的情况，引导学生设身处地地感受残疾人的处境和心情，启发学生改正取笑、捉弄残疾同伴的习惯，学会理解、同情、善待弱小，帮助张亮顺利融入班集体。

（2）华老师配合使用了多种方法教育学生。第一，说理教育的方法。他向学生具体解释了张亮动作笨拙的原因，但没有直接对学生采取道德劝诫，而是循循善诱。第二，移情理解的方法。华老师鼓励和启发学生站在张亮的立场看问题。第三，课堂讨论的方法。让学生自由交流各自的看法和感受。

（3）课堂中呈现出一种民主、平等的师生关系。师生关系本质上是一种交往活动，民主平等的师生关系体现在：华老师发现班级中存在的问题，并没有运用权威教训学生，纠正学生的错误行为，而是运用学生可以理解的知识启发学生，让学生通过独立思考和自由讨论解决问题。

案例二

最近，三（2）班品德与社会课的话题是"维护公共秩序"。倪老师先让学生们说一说去过哪些公共场所、在那里干什么，进而指导他们根据功能的不同概括出七类公共场所，最后从每种类型中挑选出一个方便调查的场所。每个学习小组都要从这七种场所的调查中概括出公共场所的一般生活规则，作为集体作业提交，并在班级里交流。

小明所在的小组恰好有七位同学，经商量决定每人调查一种场所。小明就住在剧院附近，还有亲戚在剧院上班。他自告奋勇，承担剧院调查的任务。小刚说他周末恰好会跟爸爸去看球赛，顺便可以了解体育馆的观众守则。另外五位同学则分别负责调查社区服务中心、公交车站、超市、医院和图书馆。

小明发现其他小组采取了类似的分工,他把各组去剧院调查的同学叫到一起,组队进行调查。小明的姑妈接待了调查小组,她告诉孩子们:观众来剧院观看演出要准时入场,不能迟到,也不能早退。万一迟到早退,必须在演出间歇进场退场。观看演出时要保持安静,不能说话,不能随便鼓掌叫好,不能吃东西,不能拍照,不能接打电话,手机必须静音……剧院宣传与推广部的负责人还邀请同学们观看了一出儿童剧,让他们现场体会看戏规则的道理何在。出了剧院,小明发现剧票的背面就写有《观众守则》,但是没有提到姑妈所说的"坐中间的观众尽可能先入座,坐两旁的观众稍后入座"之类的礼仪。一位同学说,幸亏有小明姑妈的介绍,让大家了解到书面规定之外的一些公共生活礼俗。大家你一言我一语,总结出维护剧场秩序必须遵守的行为规则。

小明带着调查结果回到自己的学习小组,和调查其他公共场所的同学一道交流,总结公共场所一般都要遵行的行为规范。大多数情况下,小组成员都能迅速达成共识,但在"保持安静"上发生了争论。小刚说:在体育馆看球赛时不一定要保持安静,反倒可以呐喊鼓掌吹号击鼓,为球队加油助威。小刚的异议令人不快,但是大家不得不承认他说的是实话,所以在小组研究报告中,除了陈述一般规则之外,还讲到了一些例外。

这份研究报告获得了全班最高分。倪老师在班上表扬这组同学对公共场所的行为规则认识更全面、更深刻。全组欢呼雀跃,一一跟小刚击掌相庆。在以往的小组活动中大家多少有些嫌弃小刚,因为他调皮捣蛋,老是给小组制造麻烦。这一回,大家对小刚刮目相看。没有想到小刚不同寻常的发现,他在讨论中坚持的不同意见,居然有如此重要的意义。

小刚兴奋得满脸通红,心里乐开了花,他突然意识到今后可以用不同以往的方式赢得同学的尊重。他的父母听了他的讲述,为他的进步感到欣喜,鼓励他改正缺点,用良好的表现在班上树立威信。

小刚妈妈悄悄地给倪老师打电话,讲述自己的发现和想法。倪老师放下电话,陷入沉思。她终于明白小刚在学校里调皮捣蛋原来是为了博取大家的关注,一个帮助小刚的改善计划在她脑海中迅速酝酿……

请回答:

(1)分析教例中小组合作学习的程序与方法。
(2)评论教例所显示的教育效果。
(3)结合教例论述教育概念的内涵和外延。

答题逻辑:

对于这类教育案例分析题,我们可以采取以下答题逻辑:

1. 理解案例。首先要充分地理解案例中描述的教育情境与事件,掌握主要人物、过程与问题,这是解题的基础。

2. 分析问题(1)。根据问题(1)的要求,结合案例分析小组合作学习的程序与方法。要点应包括:选择研究主题、分工与合作、信息收集、讨论交流、形成共识等,并结合案例进行简要说明。

3. 评论问题(2)。从案例的结果与效果方面评价这种学习方式的教育价值,可以从学生的认知、技能与情感等角度进行评论。

4. 论述问题(3)。运用相关教育概念,结合案例描述阐释教育概念的内涵与外延。内涵方面要指出教育概念的本质特征,外延方面要举例说明教育概念在具体教育活动中的体现。

5. 理论知识的运用。在解答三个问题的过程中,要运用所学的教育理论知识,理论知识的运用要与案例紧密结合。

6. 逻辑与字数控制。答案表达要清晰连贯,问题(1)的字数控制在300字内,问题(2)在400字内,问题(3)在500字内。整篇答案控制在1 500字以内。

7. 总结。在答题结束时,可以进行简短总结,重申你的观点或强调论述要点。

参考答案:

(1)小组合作学习是以合作学习小组为基本形式,学生在小组或团队中为了完成共同的任务,有明确的责任分工的互助性学习。

案例中的小组合作主要有四步:第一,教师引导,确定任务。老师在课堂上运用问答法调动学生的公共生活经验,引导其了解公共场所的功能,对公共场所进行分类,确定小组探究学习的任务。第二,组内分工,明确职责。各学习小必须在调查七种公共场所的基础上总结出维护公共秩序的规则,任务复杂,作业量大,从而引发小组内部进行作业分工。第三,组间合作,提高效率。各小组承担相同任务的学生结成调查小组,通过现场参观和访问有关人士,调查某种公共场所,通过讨论总结出该公共场所的行为规范。第四,组内交流,共同研讨。每个学生带着调查结果回到自己的学习小组,作为某方面的专家与同伴交流、讨论,共同总结出维护公共秩序的一般规则。第五,形成报告,教师评价。教师对各组的成果进行评价。

（2）案例所显示的教育效果明显,对学生进行了多方面的教育。具体表现在:第一,知识与技能方面。学生完成了课堂任务,培养了学生进行生活实践,小组分工与合作的能力。第二,过程与方法方面。学生学会如何制定一个合理的规划。第三,情感态度和价值观方面。促进了学生间的了解和感情的培养,有利于建立良好的班集体,增强班级的凝聚力。第四,德育方面。在实践中学生学会了遵守规则。第五,激励和自我觉悟方面。小刚获得了激励,更愿意自觉地调整自己的行为表现。第六,效果反馈方面。通过小组合作学习,小刚发挥了重要作用,并获得同伴的认可,通过家长的反馈,教师意识到小刚的问题所在,并开始计划帮助小刚。

（3）教育的内涵就是教育所具有的本质属性即教育究竟是什么。尽管历史上对教育的解说各不相同,但存在着共同的基本点,即教育是一种有目的、有意识地培养人的活动,教育是促人向善的。这是教育区别于其他现象的根本特征,是教育的质的规定性。通过本次小组合作的调查活动,由班级老师有目的、有计划地引导、开展活动,通过参加活动,学生得到了多方面的教育。

教育的外延是教育内涵所反映的本质属性的对象的总和,即教育所指的对象范围。根据不同的标准可以进行不同的分类。如根据教育的正规化程度,将教育分为正规教育和非正规教育,正规教育一般指的是学校教育;根据教育的实施机构,可将教育分为学校教育、家庭教育和社会教育。在这次调查活动中，不仅有学校老师的讲解和指导，同学们还通过小明姑妈的讲解了解了剧院的规则，并通过对其他公共场所的调查得出了结果。整个学习活动既包括学校教育又包括社会教育，既包括正规教育还包括非正规教育。

综上，有效教学应该以学校教育为主导，善于利用教育的外延，渗透到家庭和社会教育中，促进家庭、社会和学校形成教育的合力。

案例三

阅读案例材料，就其中反映的教育现象进行分析与评述。

上书法课练字的时候，老师走到郑梦婕身边看她写得怎么样，梦婕就盯着老师看，说："老师，你的脸长得像青蛙一样。"老师说："哇，你这样说，我好有亲切感，上中学时，我的绰号就是叫青蛙。"郑梦婕说："那么以后我们可不可以叫你青蛙老师？"老师说："嗯…可不可以？嗯…可不可以？好吧，以后，你们干脆叫我青蛙老师。"郑梦婕激动地大叫："青蛙老师万岁！"——梅子涵《女儿的故事》

答题逻辑：

对于这类教育现象案例分析题，我们可以采取以下的答题逻辑：

1. 理解案例。首先要理解案例反映的教育现象，这里需要理解学生与老师的对话交流情境与学生的反应。这为后续分析提供了信息基础。

2. 提出相关理论。根据案例现象，提出相关的教育理论来分析该现象，这里可以运用师生关系理论、教师角色理论等。理论选择要恰当，与案例现象相契合。

3. 对话分析。从理论角度分析学生与老师的对话，解释其中体现出的教育理念、师生关系与老师角色特征等。分析要深入，理论与案例相结合。

4. 学生反应分析。分析学生激动地大叫"青蛙老师万岁"的反应，说明这反映出的学生心理与需求。这里可以选取教育心理学相关理论进行解释。

5. 教育意义评论。从案例反映出的教育现象中总结其教育意义，如简单直接的师生关系、活泼开明的教师形象等，并加以评论。

6. 总结观点。在答题结束时，总结出主要观点与论述要点，重申案例反映的教育现象及其意义。

7. 字数控制。对这类题目，答案一般在800-1 000字之间。要在此范围内进行合理表达，避免过长或过短。

综上，分析教育现象案例的答题逻辑主要包括：理解案例、提出理论、分析对话与反应、评价教育意义和总结观点。掌握此思路与方法，可以较好完成这类教育案例的深入分析与评述。

参考答案：

材料中老师在听到学生说她长得像青蛙并给她取绰号为"青蛙"时，并没有生气，而是用和蔼亲切的语气耐心回应，并接受了这个称呼，用自己的专业素养和丰富的课堂经验让课堂继续在一个好的氛围中进行下去。老师的做法体现出一些值得我们倡导的教育理念：

（1）"以人为本"的学生观。坚持以学生的发展为核心，满足学生情感、意志发展的需要，提倡"以学生为中心"的教学，师生之间要建立起真诚、理解、尊重和信任的人际关系，使学生在同教师一道共享精神、知识、智慧和意义的过程中，发挥自己独特的自觉性、能动性和创造性。老师在听到学生说她长得像青蛙并给她取绰号为"青蛙"时，并没有生气，而是用和蔼亲切的语气耐心回应，并接受了这个称呼，这体现出老师"以人为本"的学生观。老师坚持以学生的发展为核心，满足学生的情感需求，与学生建立真诚的人际关系。

（2）良好的师生关系。老师尊重学生的尊严与价值，与学生形成尊重与理解的关系。这种关系可以拉近师生距离，激发学生的学习积极性。良好的师生关系：① 尊师爱生。爱生是尊师的前提和基础，在尊师爱生良好师生关系的建构中，教师起主导作用。② 民主平等、和谐亲密。师生双方在人格上是平等的，在真理面前是平等的。③ 教学相长，心理相容。尊重每一位学生做人的尊严和价值，同时学会赞赏每一位学生，与学生形成互相尊重、民主的新型师生关系。

（3）丰富的课堂经验与专业素养。老师凭借丰富的课堂经验与专业素养，让课堂继续在一个良好氛围中进行。专业的教师素养指除了有关学科的知识之外，教师还要了解有关学生的知识、有关教育情境的知识；并具有教学认知能力、教学操作能力、教学监控能力、教育教学研究能力和专业情意。这样才是一个新时代的好教师。

案例四

阅读下述案例，请分别用3种学习动机理论，对小明厌学、弃学的行为做出解释。

小明在初中学习阶段，成绩一直居于班级前列。中考时发挥得不太理想，考分比重点高中录取分数线低5分。父母设法让小明进入一所市重点高中就读。进入高中学习的前几个月，小明心想不能辜负父母的期望，铆足了劲，刻苦学习，成绩也一直居于班级平均线以上。可是，在第一学期期末的两次年级统考中，小明的成绩总分排名却落到班级第37名。寒假中小明没有休息，希望通过加班加点复习，迎头赶上。但第二学期开学后的几次测验中，小明的成绩一直没有起色，上课的时候，老师也很少让他回答问题。特别是数学成绩经常在班级倒数十名的圈子里徘徊。小明开始怀疑自己的头脑是不是缺乏数学细胞。原来语文一直是小明的优势学科，现在也开始明显退步。自此以后，小明就提不起精神，不想看书。有时放学回家连书包也不动。近来已经有一个多月没有上学了。父母对小明也批评过，也骂过，都无效果。

答题逻辑：

对于这类要求从多角度分析案例的题目，我们可以采取以下的答题逻辑：

1. 理解案例情境和问题。首先要对案例中的事件与问题有清晰的认识和理解，这是进行后续分析的基础。

2. 提出不同的理论视角。根据题目要求，提出不同的理论框架来分析问题，这里要求用3种学习动机理论来解释小明的行为。

可选择归因理论、自我效能感理论和自我价值理论。

3. 根据理论进行分析解释。运用所选定的理论框架，分析案例情境下小明的心理变化与学习动机的变迁，解释由此产生的问题，如小明的厌学与弃学行为。每个理论的解释要结合案例事实，言之有物。

4. 理论之间的衔接。对不同理论的解释要有机衔接，使之不致相互孤立或矛盾。我们在这里采用了先后顺序的衔接，先解释小明初期的积极学习动机，然后解释厌学产生的理由，最后说明弃学行为的原因。

5. 字数控制。对于这样的题目，答案一般在500~800字，在上述步骤的基础上，论述避免过长或过短，把握好关键点并合理表达。

参考答案：

小明的厌学情绪、弃学行为可以用多种学习动机理论来解释：

（1）归因理论。归因理论认为，学生对自己学业成败原因的推断，通过影响其情绪感受和对未来学习结果的预期，从而影响后续的学习动机。

小明进入高中后，在几次年级统考中名次后移，虽经努力而未见成效，就将自己的学业失败归因于能力低下，这一消极归因使其感到羞愧，对未来学习结果的预期也很不乐观，因而降低了学习的积极性。

（2）自我效能感理论。自我效能感指个人对自己是否具有完成某项任务能力的判断与信念。该理论认为，人总是愿意在自己有成功把握的事情上投入精力。

小明进入高中后由于几次考试连续失利，因消极的归因模式而导致自我效能感降低，对学习成功的期望降低。当"改变失败结局"的目标一再受挫后，更加紧张、焦虑，因而产生厌学情绪。

（3）自我价值理论。自我价值理论认为自我价值需要是人最重要的需要。学生努力学习的动机是获得自我价值需要的满足，维护自尊。

小明进入高中后几次考试成绩不理想，很容易将其归因于自己能力水平低。此时如果继续努力学习而成绩仍然不能提高，小明就不得不因承认自己的"无能"而面临丧失自尊的威胁；如果放弃学习，便可将学业失败归因于"没有学习""没有努力"，从而避免了自尊的丧失。因此，放弃学习是小明维护自我价值、避免自尊丧失的一种策略。

案例五

看上去促进学生学习的教育实践，可能会压制学生的创造性。因为这些实践不鼓励创造性，不奖赏创造性，而且还会剥夺学生从事创造性思维的机会。传统上大规模使用的标准化测验，是最为有效的——尽管可能是无意的——压制创造性的工具。教师自己编制的测验，在这方面的情况也好不了多少。这并不是说测验本身是个坏东西，问题的关键在于我们使用了什么样的测验。当前流行的课堂教学实践，看上去也不利于培养学生的创造性。有利于学生发展创造性的教学，要求教师不仅要支持和鼓励创造性，而且要身体力行地示范创造性，要奖赏学生的创造性；有利于学生发展创造性的教学，意味着要鼓励学生：(1) 创造；(2) 发明；(3) 发现；(4) 想象；(5) 假设；(6) 预测。(编译自 Sternberg, R., Teaching for Creativity, 2016.)

请回答：

(1) 根据上述材料，阐述促进学生创造性发展的 4 个基本途径。

(2) 2020 年 1 月发布的《中国高考评价体系》提出了"基础性、综合性、应用性、创新性" 4 方面学业考查要求。结合上述材料，谈谈这些考查要求对于培养学生的创造性有何积极意义。

答题逻辑：

第 (1) 小题是理解和归纳题。材料指出了当前教学中可能压制学生创造性的一些问题，以及促进创造性的一些主要途径。回答此小问时需要考生读懂材料，根据材料归纳总结出促进学生创造性发展的 4 个基本途径。这考查的是理解和归纳概括能力。

第 (2) 小题是应用和拓展题。需要考生结合当前教育改革的背景,分析如何通过高考改革来促进学生的创新能力培养。这考查的是综合分析和应用能力。

参考答案:

(1)第一,为学生创造开展创造性思维的机会;第二,出现创造性思维的机会时,要鼓励学生开展创造性思维;第三,学生表现出创造性思维时,要给予奖赏或褒奖;第四,测验中要包含考查学生创造性思维能力的开放性题目,避免所有答案的标准化。

(2)《中国高考评价体系》突出了对学生的创造性思维能力的考查。第一,"基础性"要求考查学生的基本知识,这些知识是创造性思维产生的基础;第二,"综合性"要求考查学生的跨学科分析能力,它与思维的创造性联想有关;第三,"应用性"要求考查学生的远迁移能力,关乎知识、技能的创造性运用;第四,"创新性"要求考查学生的发散思维等创造性思维能力。这些考查要求摒弃了传统测试中只重视学生知识识记能力的倾向,更注重对学生综合创新能力的培养。

案例六

大量证据表明,反馈是影响学生学业表现的最为重要因素之一。然而研究也发现,教师提供的反馈往往没有被学生很好地接收,也很少被学生用于改进自己的学习。教师的书面反馈常常伴有等级或分数,而呈现等级、分数会影响学生对反馈的充分理解。教师的口头反馈大多面向学生群体,而学生往往不认为这种反馈与自己有关。研究还显示,与学生相比,教师把自己的反馈看得更有价值;而学生们则经常抱怨老师的反馈令人困惑、不够合理。有时,学生并没有理解教师的反馈却自认为已经理解了;即使理解了,他们也不知道如何将反馈意见运用到学习中。尽管教师非常重视反馈的作用,但是在如下方面还需要做更多的工作:探索与学生个体特征相关的有效反馈策略;根据认知、元认知和动机变量来主动地为学生提供反馈;澄清反馈的性质、频率和时间安排。

请回答:

(1)根据上述材料,概括教师反馈效果不理想的五方面原因。

（2）2021年7月，中共中央办公厅、国务院办公厅印发的《关于进一步减轻义务教育阶段学生作业负担和校外培训负担的意见》要求："教师要认真批改作业，及时做好反馈，加强面批讲解，认真分析学情，做好答疑辅导。"结合上述材料，运用相关的学习理论、动机理论，谈谈这一要求的现实必要性。

答题逻辑：

本题的答题逻辑如下：

1. 概括教师反馈效果不理想的原因。这是对给定材料的概括和归纳。需要在材料中查找反馈效果不理想的各个方面及其原因，并概括成五点。

2. 分析作业反馈的必要性。这需要联系相关的学习理论和动机理论，从理论角度解释作业反馈的积极意义。常见的学习理论和动机理论可以整理如下表，和本题较为相关的有强化理论、发现学习说、建构主义理论和人本主义理论等。

		主要内容
常见的学习理论	强化理论（联结理论）	强化理论认为，人的学习本质是刺激—反应的联结，强化在其中起到重要作用。
	观察学习理论	观察学习理论强调榜样的重要性，强调替代强化、直接强化和自我强化的重要性
	发现学习说	布鲁纳认为学习的本质是学习者主动发现认知结构的过程。
	有意义接受学习说	奥苏伯尔认为学习是一种有意义的接受学习，有意义学习指的是新旧知识之间建立起实质性、非人为的联系。
	建构主义理论	建构主义理论认为知识是一种解释和假设，是由个体主动建构起来的。
	人本主义理论	人本主义理论认为学习应促进学生知情方面的统一。

续表

		主要内容
常见的动机理论	归因理论	归因理论认为教育应引导学生对成败进行正确的归因，避免学生将失败归因于内部的、稳定、不可控的因素即能力上，因为这容易导致学生产生习得性无助。
	目标定向理论	目标定向理论认为，任务卷入的学习者比个体卷入的学习者有更高的认知水平。
	自我价值理论	自我价值理论把人的学习动机划分为高趋低避、高趋高避、低趋高避和低趋低避四种类型。
	需要层次理论	马斯洛的需要层次理论认为人的需要包括缺失性需要和成长性需要两类。其中缺失性需要包括生理、安全、归属和爱、尊重的需要；成长性需要包括求知和理解的需要、审美的需要、自我实现的需要。
	自我效能感理论	自我效能感指的是个体对自己能否做成某一件事的期待，可以通过直接经验、间接经验、言语说服和情绪唤起等方式提升学生学习的自我效能感。
	强化理论	强化时过度关注学生的外部动机强化，有可能导致内部动机的削弱。
	人本主义理论	人本主义理论强调学习时要注重人的自由学习。
	自我决定理论	自我决定理论认为人有三种需要：胜任需要、归属需要和自我需要。有三种动机：内部动机、外部动机和无动机。

参考答案：

（1）根据材料，教师反馈效果不理想的五方面原因如下：

① 教师的反馈面向群体而不是个体，教师口头的反馈更多的是针对班级群体学生。

② 教师的反馈多是利用等级和分数，等级和分数影响学生对反馈的充分理解，不利于激发学生学习的内部动机。

③ 教师反馈的时间、频率没有到位。

④ 教师的反馈没有帮助学生迁移应用，学生没能理解反馈内容却自认为理解了；即使理解了，也不知道如何运用到自己的学习中。

⑤ 教师的反馈不够具体化，学生听到反馈后抱怨老师的反馈令人困惑、不够合理。

（2）① 学习理论

从学习的联结理论出发，教师对作业的批改、反馈与讲解符合斯金纳的强化理论以及程序教学的原则，通过有效的反馈来对学生的学习进行强化，利用正强化塑造学生良好的行为，利用消退对不良行为进行矫正。

从学习的认知理论出发，布鲁纳认为强化原则是掌握学科基本结构的重要保障，教师对学生作业的批改与反馈有利于对学生的学习进行强化。奥苏伯尔强调有意义学习，教师对学生作业的及时反馈、面批讲解、学情分析以及答疑辅导能够帮助学生将新知识与认知结构中已有的适当概念建立起积极的联系，促进学生的有意义学习。

从学习的建构主义理论出发，教师对学生作业的反馈能够帮助学生从已有的经验中生长出新的知识，符合学生学习主动建构性的要求。

从学习的人本主义理论出发，教师及时做好反馈与答疑辅导有利于贯彻非指导性教学观，使教师真正成为学生学习的促进者。

② 学习动机理论

从学习动机的强化理论出发，教师对作业的批改、反馈与讲解能够使学生的学习受到强化，从而使学生产生较强的学习动机。

从学习动机的人本主义理论出发，教师认真批改作业，及时做好反馈能够满足学生归属与爱的需要以及尊重的需要，让学生感受到教师对他们的尊重和爱护，鼓励其不断追寻更高层次的需要从而提高学生学习的内在动机。

从学习动机的认知理论出发，教师对学生作业的及时反馈、面批讲解、学情分析以及答疑辅导能够帮助学生更好地进行成败归因，找准"病因",有的放矢地进行修正,促进学生的进步。教师也能通过反馈向学生传递学习的标准,帮助学生进行自我强化,提高学生学习的自我效能感,从而提高学生学习的自主性与能动性。

案例七

党的二十大明确要求,实施科教兴国战略,强化现代化建设人才支撑,健全学校家庭社会育人机制,为家庭教育事业指明了发展方向。《中华人民共和国家庭教育促进法》(2022年1月1日起正式实施)第十七条规定:未成年人的父母或者其他监护人实施家庭教育,应当关注未成年人的生理、心理、智力发展状况,尊重其参与相关家庭事务和发表意见的权利,合理运用以下方式方法:(一)亲自养育,加强亲子陪伴;(二)共同参与,发挥父母双方的作用;(三)相机而教,寓教于日常生活之中;(四)潜移默化,言传与身教相结合;(五)严慈相济,关心爱护与严格要求并重;(六)尊重差异,根据年龄和个性特点进行科学引导;(七)平等交流,予以尊重、理解和鼓励;(八)相互促进,父母与子女共同成长;(九)其他有益于未成年人全面发展、健康成长的方式方法。

请回答:

(1)根据教育心理学相关理论,谈一谈如何运用上述家庭教育方式方法对儿童进行品德教育。

(2)《中华人民共和国家庭教育促进法》强调"尊重差异,根据年龄和个性特点进行科学引导"。根据艾里克森的心理社会发展理论,如何对小学生开展家庭教育?

答题逻辑:

回答本题时,可采取如下的答题逻辑:

1. 首先根据题目要求,明确需要回答两个问题,分别涉及教育心理学理论运用于家庭品德教育,艾里克森理论指导小学生家庭教育。

2. 对第一个问题,需要结合教育心理学相关理论,如榜样的力量、潜移默化等，剖析如何开展家庭品德教育。

3. 对第二个问题，要根据艾里克森的心理社会发展理论，分析小学生的特点，提出符合其发展需要的家庭教育方法。

参考答案：

（1）理论一：艾里克森的心理社会发展理论

文件中的"（六）尊重差异，根据年龄和个性特点进行科学引导"是该理论的具体表现。心理社会发展理论要求家长根据学生身心发展的特点，匹配心理发展阶段，通过差异化的家庭教育方式促进儿童品德的发展。

理论二：班杜拉的社会（观察）学习理论

文件中的"（一）亲自养育，加强亲子陪伴""（三）相机而教，寓教于日常生活之中""（四）潜移默化，言传与身教相结合"是该理论的具体表现。社会（观察）学习理论强调发挥父母在儿童品德教育方面的榜样示范作用，通过直接强化、替代性强化以及自我强化的方式帮助儿童进行观察学习，促进品德的养成。

理论三：罗杰斯的人本理论和马斯洛的需要层次理论

文件中的"（五）严慈相济，关心爱护与严格要求并重""（七）平等交流，予以尊重、理解和鼓励"是该理论的具体表现。人本理论与需要层次理论强调人际关系在教学过程中的重要性，突出情感在家庭教育中的地位和作用，要求家长在满足儿童归属与爱的需要以及尊重的需要的基础上积极地关心儿童、尊重儿童、爱护儿童，促进儿童思想道德水平的提高。

理论四：布朗芬布伦纳的生态系统理论

文件中的"（一）亲自养育，加强亲子陪伴""（二）共同参与，发挥父母双方的作用""（九）其他有益于未成年人全面发展、健康成长的方式方法"是该理论的具体表现。生态系统理论要求家长营造各种有利于儿童道德发展的家庭系统环境，在潜移默化的影响中培育儿童良好的道德品质。

（2）美国著名发展心理学家艾里克森提出了心理社会发展理论，将正常人的一生划分为八个阶段,小学生处于艾里克森心理社会发展理论勤奋感对自卑感(6~12岁)的阶段。

这一阶段的小学生开始进入学校学习,面临来自家庭、学校以及同伴的各种要求和挑战,产生勤奋感。随着社交范围的扩大,小学生在不同社交范围活动的经验、完成任务以及从事集体活动的成功经验,增强了小学生的胜任感,其中的困难和挫折则会导致小学生产生自卑感。为了帮助小学生顺利解决勤奋感对自卑感的矛盾,家长应该:

① 通过各种合理渠道了解小学生的在校动态,关注小学生在校期间的学习发展、同伴交往以及社会实践等情况,通过沟通交流的方式引导小学生建立起正确的勤奋观。

② 在家庭教育中家长要给小学生创造更多独立完成任务的机会,使小学生获得尝试新事物的信心、发展自我的满足感,引导小学生在完成任务的过程中获得信心,建立勤奋感。

③ 给予小学生充分的尊重,不单纯以成绩评价小学生,帮助他们加强勤奋感,克服自卑感。

④ 注意进行家庭教育的时机与方式。在小学生顺利完成任务时,家长应及时与其分享喜悦、提出表扬,帮助其增强胜任感;在小学生遭遇困难与挫折时,家长不要辱骂、责罚,应及时鼓励,帮助小学生寻找原因、解决问题,克服自卑感与挫折感。

案例八

情境性的作业有助于激发学生的好奇心和兴趣,为有效学习创造有利的心理条件。纯粹指向知识与技能的作业属于机械学习,学生通常提不起兴趣。传统作业多指向零散、割裂、碎片化的知识,所引发的认知活动通常只停留在记忆水平,没有激活高阶思维与深度学习。而作业一旦嵌入真实情境中,因为情境是鲜活、动态和复杂的,完成作业通常需要激活目标以外的知识,也就使知识整合与综合学习成为可能。例如,数学作业要求学生解决食品营养成分表中的百分数问题,就可以引导学生整合生物的营养学知识,而不是孤立地学习百分数。有真实情境与无情境嵌套的作业,唤起的学生活动和能培养的核心素养存在很大不同。依托真实情境的作业通常将解决问题的条件隐含在实践中，需要学生在分析问题性质的基础上识别工具与条件，激活已学，必要时还须整合更多知识——包括跨学科的知识乃至教材中没有学习的知识，探寻解决问题的办法，从而提高问题解决能力。相反，脱离情境的作业，牵涉的主要是孤立的知识和机械的技能。当学生走进真实世界，未必就能将知识迁移到现实生活，解决真实情境中的问题。

（1）阅读上述材料，概括情境性作业和传统作业相比的三个优点。

（2）2022年新颁布的《义务教育课程方案》中，跨学科学习受到前所未有的重视，要求各门课程用于跨学科主题学习的课时不少于总课时量的10%。基于跨学科学习理念设计综合性作业是加强综合课程建设的重要手段，可以促进学生的深度学习。结合相关的学习理论，分析此种做法的合理性。

答题逻辑：

此题可以按照如下答题逻辑进行：

1. 仔细阅读题目材料，明确题目要求。
2. 根据材料内容，概括出情境性作业相比传统作业的三个优点：激发兴趣和好奇心、促进综合性学习、激活高层思维。
3. 把握题目要求，注意第（2）题需要结合学习理论分析跨学科综合性作业的合理性。
4. 思考跨学科学习在新课程方案中的地位，以及综合性作业的作用。
5. 运用所学的相关学习理论知识，如构建主义学习理论、深度学习理论等，分析这种做法合理的原因。
6. 构建逻辑链条，说明综合性作业有助于知识内化、跨学科综合，契合学习理论，因此具有合理性。
7. 检查语言的表达是否清晰流畅、逻辑链条是否连贯、严谨。
8. 最后通读答案，确保回答切题，有理有据。

参考答案：

（1）首先，情境性作业可以提高作业的趣味性，激发学生的学习兴趣。

其次，情境创设可以提高作业的综合性，促进综合性学习。

最后，情境创设可以增加作业的实践性，有利于提高学生的问题解决能力。

（2）从行为主义理论看，学习是在刺激与反应之间建立联结的过程。跨学科学习可以将不同学科的知识整合，提供丰富多样的刺激源，让学生建立对知识点之间关系的联结。情境性作业通过模拟真实情境，也可以增加学习刺激的多样性。这有助于加强刺激与反应之间的联结，使学习更有效。

从认知主义理论看，学习是学生内部建构意义的过程。跨学科学习强调各学科之间的内在联系，可以帮助学生形成系统化的知识网络，整合信息，促进意义建构。情境性作业要求学生运用所学知识解决实际问题，可以促进知识的动态关联和深度加工。

从建构主义理论看，学习是学生主动构建意义的过程。跨学科学习需要学生整合各领域知识，主动建构新认知模式。情境性作业需要学生主动分析情境、发现问题、探究解决方案，可以促进学生主动学习。这与建构主义强调学习者主体地位的理念一致。

从人本主义理论看，教学应关注学生的需求和发展。跨学科学习能满足学生对完整世界观的需求，情境性作业贴近生活，可促进学生的全面发展。跨学科学习和情境性作业都重视学生的主体地位，体现了以学生为中心的理念。

案例九

在学校中无时无刻不发生的事情就是评价学生。不管是测验带来的结果还是教师的日常评价，都在无形中影响着学生。评定的结果作为诱因可以激励学生努力学习。高分、奖品都是对出色工作的奖励。但是，评定不一定就能提高学生的努力程度。学生有时对教师的评定存在不甚清楚的了解，如，在他们心中，不知道如何做才能获得好的评价。对于一些测验评估而言，部分学生感觉是不具挑战性的。致力于直接的鉴定学生的评价，在促进学生发展上面也收效甚微。在对评估的解释上，有些学生认为，当其他学生不做作业而自己做了一些时，就能证明自己是很努力的。对此，教师应明白，成功的教学除了包括合理可行的教学目标、对起点行为的准确把握、适当的教学活动，还必须包括有效的评定方法。

（1）阅读上述材料，概括学校中现行的教育评价存在的4个主要问题。

（2）2022年3月，教育部出台了我国义务教育的纲领性文件《义务教育课程方案（2022年版）》，方案中指出要全面落实新时代教育评价改革要求，改进结果评价，强化过程评价，探索增值评价，健全综合评价，着力推进评价观念、方式方法改革，提升考试评价质量。结合所学，用相关的学习动机理论分析进行评价改革的必要性。

答题逻辑：

本题可以按照以下步骤作答：

1. 仔细阅读题目材料，弄清题目的要求，本题要求概括现行的教育评价存在的4个主要问题，并用相关的学习动机理论分析进行评价改革的必要性。

2. 根据材料内容，找出教育评价存在的主要问题，概括为4点，例如评价结果不一定能激励学习，学生不明确如何获得好的评价等。

3. 理解评价改革的主要内容，如结果评价、过程评价、增值评价、综合评价等。

4. 根据所学的学习动机理论知识，分析评价改革与激发学习动机的关系。

5. 构建逻辑链条，说明评价改革强调过程、关注学生发展等，这有助于激发学生的内在动机、成就动机等，因此从学习动机的角度看，评价改革是必要和合理的。

6. 最后检查语言表达的清晰程度、观点的连贯性,确保回答内容切合题意并有较强的说服力。

参考答案:

(1)根据材料,现行的教育评价存在的问题主要有:

第一,学生对教师评价标准存在模糊认知,不知道如何才能获得好的评价。

第二,部分测验评估对学生缺乏挑战性。

第三,仅注重结果评价,对学生发展帮助不大。

第四,学生对评价理解存在误区,仅通过和其他学生的对比来判断自己的表现。

(2)从需要层次理论看,学生有不同层次的需求,评价体系应当兼顾高层次的自我实现需求和低层次的安全需求,在满足基本学习要求的同时,还要关注学生个性发展和内在价值实现。

从目标定向理论看,明确的评价目标有助于学生建立学习方向,而结果导向的评价容易使部分表现型目标的学生迷失方向,只追求分数,应增加过程评价引导学生重视学习过程。

从归因理论看,当学生把失败归因于不可控因素时会产生无助感,评价应多关注学生的进步和努力,帮助其建立内部归因,从而增强学习动力。

因此,全面落实新时代教育评价改革要求,从评价过程、评价方法、评价结果综合改进是十分必要的。

二、材料题

材料题的主要特点是:

1. 提供材料。题目提供案例、报告、数据统计或文字等相关材料供学生进行分析与评论。材料内容具有一定的真实性,能反映某种教育现象或问题。

2. 开放性较强。材料题相比于传统的教育理论或知识题目,具有较强的开放性和灵活性。对材料的理解和分析较为广泛,答案较为多样。

3. 要求分析与评价。题目的要求主要是对提供的材料进行分析、评价与评论等,需要考生对材料进行深层次的思考,单纯的理解和概述是不够的。

4. 理论运用。在材料分析的过程中,需要运用相关的教育理论知识解释和分析材料内容。这体现了对理论的灵活运用能力。

材料题的主要答题逻辑有:

1. 理解材料。要全面准确理解材料的内容与要表达的主题或现象。这为后续分析提供了基础。

2. 提出理论。根据材料内容选择相关理论框架进行分析,如学生发展理论、课程理论、教师专业发展理论等。理论的选择要合理匹配材料内容。

3. 开展深入分析。从理论角度对材料进行深入全面的分析,说明其中体现的理念、现象与问题等。分析要深入细致,理论与材料紧密结合。

4. 发表评论与评价。在分析的基础上,对材料表达的主题或现象等进行个人评论与评价。评价要提供理由并具有一定的说服力。

5. 总结观点。在答题最后,对上述分析与评论进行简要总结,重申对材料的主要理解与看法。

6. 字数控制。材料题的答案一般控制在 1 000~1 500 字。要在此范围内进行适度表达,避免过长或过短。

7. 使用较为书面的语言。材料题作为高级教育的评价手段,要求考生使用较为规范的书面语言来表达观点与论述论证。

以上就是材料分析题的主要特点与答题逻辑,掌握这些特点与方法,可以较好完成材料题的解答。

材料一

阅读下述材料,评析论者的教育目的观,并联系实际论述这种目的观对我国教育改革的借鉴意义。

"现在教育上的许多方面的失败,是由于它忽视了把学校作为社会生活的一种形式这个基本原则。现代教育把学校当作一个传授某些知识、学习某些课业或养成某些习惯的场所。这些东西的价值被认为多半要取决于遥远的将来,儿童之所以必须做这些事情,是为了他将来要做别的事情,而这些事情只是预备而已。结果是,它们并不成为儿童生活经验的一部分,因而,并不真正具有教育作用。""把教育看作为将来作预备,错误不在强调为未来的需要作预备,而在把预备将来作为现在努力的主要动力。为不断发展的生活作预备的需要是巨大的,因此,应该把全副精力一心用于使现在的经验尽量丰富,尽量有意义,这是绝对重要的。于是,随着现在于不知不觉中进入未来,未来也就被照顾到了。"

答题逻辑:

对于此类教育理论材料题,我们可以采用以下的答题逻辑:

1. 对材料进行深入理解。要准确理解论者提出的教育目的观的观点主张与理论依据。理解是后续分析的基础。

2. 提出相关理论进行分析与评论。运用相关的教育理论知识,如教育目的论、课程理论与素质教育理论等,从理论高度对材料观点进行分析与评价。重点评论这一观点的合理性、先进性与局限性。

3. 联系实际论述借鉴意义。联系我国的实际国情与教育现状,分析这一教育目的观对当前教育改革的借鉴意义。要在理论与实践之间建立连接,否则意义不大。

4. 指出存在的困难与措施。在借鉴意义的同时,也要意识到这一观点落地的困难,并提出相应的解决措施与策略。这体现出较为全面深入的思考。

5. 总结观点。在答题结束时,对上述分析与评论进行简要总结,重申你对该教育目的观及其借鉴意义的主要看法。

参考答案:

这两段材料阐述的是"教育适应生活说"的教育目的观,分别出自杜威的著作——《我的教育信条》和《民主主义与教育》。

（1）杜威的"教育适应生活说"强调教育是为了儿童当下的生活，并不是为遥不可及的未来的生活做准备。这一目的观主要是针对斯宾塞的"教育准备生活说"而言的。"教育准备生活说"主张教育主要是为儿童未来的完满的生活做准备，杜威批评这种观点以准备未来生活作为儿童当下学习的主要动力，主张教育是生活的过程，教育应当以现在为目的，和儿童的生活相联系，和社会生活相联系，使儿童主动参与和适应现实的社会生活。

（2）杜威的"教育适应生活说"最大的优点就是重视儿童的兴趣以及需要，将生活看成一个连续的过程，避免把人生机械地划分为准备阶段和生活阶段，关注儿童当下的社会生活，引导儿童通过参与社会生活从而为未来的生活做准备。但是这一理论也有局限性，这种教育目的观在实践中导致儿童只重视直接经验的学习，不重视间接经验的学习，教师容易忽视对学生系统知识的教授，导致学生的基础知识薄弱，经验缺乏广度、深度和系统性，这样很难应对未来的生活。

（3）结合我国当前的教育改革，这两种教育目的观都给我们很大的启示。我国教育目的的确立一方面要重视为儿童未来的生活做准备，即"教育准备生活说"的主要观点。另一方面，我们还要接受杜威的建议，不能只顾及遥不可及的儿童的未来生活，而忽视儿童当下的生活，还要积极地吸取教育适应生活说的观点，充分考虑和照顾儿童当下的生活，主张教育与儿童的实际生活紧密联系。避免"教育适应生活说"在实践中的不足之处。这样我国的教育改革才会吸取前人的理论精华，站在巨人的肩膀上，寻找合理的切合点。

我国 2001 年开始的新一轮的课程改革涉及多个方面，比如：

课程目标上，从知识与技能、过程与方法、情感态度与价值观三方面着手；

课程结构上，小学以综合课程为主，中学分科课程和综合课程相结合，高中以分科课程为主，高中设丰富的选修课；

课程管理上，实施国家课程、地方课程和校本课程相结合；

课程评价上，由以诊断为主的目的向以促进为主的目的转变，评价主体、评价手段多样化。

但是，这一教育目的观也存在一定局限。若过于注重当下，可能导致对未来发展需求的忽视，难以适应社会发展的需要。而且，在学校生活作为社会生活形式的理想面前，实际操作层面也存在较大难度，教育资源配置与课程设置都需要做出较大调整，这需要长期地努力与探索。

综上，论者提出的教育目的观在理论上具有一定的先进性，但在实践层面存在较大难度。我国教育改革在借鉴这一理念的同时，也需要结合实际认真思考，采取渐进的实践策略，推动这一理念逐步真正落地生根。只有在理论与实践相结合中不断探索，这一理念的潜在价值才有可能充分发挥出来。

材料二

阅读以下材料，并按要求回答问题：
（1）从"教育的社会功能"角度，分析下述材料中观点的合理性；
（2）根据相关理论分析下述材料中的教育目的价值取向；
（3）联系学校德育实际阐述下述材料中观点的现实意义。

夫教育目的不能仅在个人。当日多在造成个人为圣为贤，而今教育之最要目的，在谋全社会的进步。……若不骂人、不偷、不怒、不谎、不得罪于人等事，先时多谓此道德很高，然而此为消极的，于今不能谓此为道德。盖彼者，不过无疵而已，于社会虽有若无。今因于社会进步上着想，吾等当另定道德标准，谓"凡人能于社会公共事业，尽力愈大者，其道德愈高。否则，无道德可言。易言之，即凡于社会上有效劳之能力者……，则有道德。否则无道德。"若斯数语，包含无限道理。愿诸生用为量人量己之尺，相染成风，使社会上渐渐均用此尺，度己亦用此尺。（节选自张伯苓：《以社会之进步为教育之目的》，1919年。）

答题逻辑：

作答本题时，可以按照以下5个步骤进行思考：
1. 理解材料。准确理解张伯苓在材料中提出的教育目的观，即"谋全社会的进步"。理解其提出的新定道德标准等概念。

2. 分析合理性。从教育的社会功能出发，分析这一教育目的观的合理性。说明它如何体现教育促进社会进步与社会改造的功能。分析要具体而深入。

3. 分析教育目的的价值取向。选择教育目的理论，从个人发展、社会文化传承和社会改造三个层面分析此观点的价值取向。分析其如何体现社会改造的价值取向。

4. 探讨实践意义。联系当前学校德育的实际，探讨这一教育目的观的现实意义。说明其理念如何指导学校德育内容的选择与实施，以达到社会进步的目的。分析实践中可能面临的困难，提出相应策略。

5. 总结观点。对上述的分析与探讨进行总结，重申对此教育目的观的看法及对其实践意义的判断。

参考答案：

（1）材料提出教育的目的应该着眼于社会，改变只重视个人的传统。20世纪以来国贫民弱，通过培养人的社会意识和能力，来影响当时的经济、政治和文化的发展，改变社会积贫积弱的现象，论者在20世纪初就认识到了这一点，实属难能可贵。

（2）论者在教育目的上是鲜明的社会本位的价值取向。

论者强调教育的目的在谋求社会进步，新定的道德标准也是看人是否为社会效劳。实质上是主张社会价值高于个人价值的。教育目的的确立不应从人的本位出发，而应从社会的需要出发。个人只是教育加工的原料，他的发展必须服从于社会需要。教育的目的在于把受教育者培养成符合社会准则的公民，使受教育者社会化，保证社会生活的稳定与延续。

（3）现实意义：

① 在学校德育目标上：学校的德育目标不仅包括培养学生作为个体的基本优秀品质，让学生遵守基本的个人道德准则，而且要考虑到学生的社会人身份，使学生认同社会的基本原则和基本准则。目前在

我国，要把社会主义核心价值观建设融入学生的思想品德教育中，以培养合格的社会主义建设者和接班人。

②在学校德育内容上：学校的德育内容不仅包括个人的诚实守信等基本为人原则，也包括社会主义核心价值观，包括社会主义的基本指导思想，马克思主义哲学、政治经济学和科学社会主义基本观点等。在加强个人私德教育的同时，还要加强社会公德教育。

③在学校德育原则上：要坚持集体主义教育和个人教育相结合的原则。

但是，这一观点的实践存在一定困难。如何在个人发展与社会发展之间达到平衡，在理想与现实之间寻求调和，这需要教育工作者进行精细化的思考与实践探索。教育资源的有限也制约着社会服务教育的开展，这需要社会各界的共同支持与帮助。

综上，材料观点在理论上较为先进，但在实践中需要进一步思考与探索。只有深化认识，把握好度，积极实施，不断总结经验，这一教育目的观的价值才能在学校教育中真正实现。教育者需要在社会各界的共同支持下，在理想与现实之间进行长期的调适与探索。

材料三

20世纪中期以来，学校教育受到来自多个方面的批评、质疑和挑战，或明或暗地主张"学校消亡"的观点不时出现。例如：

（1）1971年，伊凡·伊里奇发表《非学校化社会》，引起巨大反响。伊里奇认为，学习原本是个人的一种自主的活动，是自律、自助、自我实现的过程，它本身就是一种价值，不必非得与别的东西交换才有价值。他批评学校"把学习从一种活动变成了一种商品"，把知识证书（文凭）变成了一种财富形式，这不但从根本上剥夺了人独立自主的学习动机和能力，而且通过文凭、学历对人的社会地位进行分层，导致更深刻的社会两极分化，给整个社会都带来了灾难性的后果。因此，"学校的废除已不可避免"。

（2）从20世纪70年代中期开始，越来越多的美国家长不再让孩子进入学校上学，而是"在家上学（home schooling）"，主要由父母直接教育孩子。进入21世纪,全美已经有数以百万计的儿童"在家上学"。家长不送子女去学校接受教育的理由很复杂,包括:家长认为学校不能提供他们认为重要的教育内容(如宗教信仰),家长不赞成学校和教师的教育理念,家长认为教师的教育方式不适合自己孩子的特点,等等。

根据以上材料,回答以下问题:

(1)从教育功能的角度,评析伊里奇的观点。

(2)结合学校在促进人的身心发展方面的作用,评析"在家上学"现象。

答题逻辑:

对此材料分析题,我们可以采取以下的答题逻辑:

1. 理解材料。准确理解材料中提出的两种"学校消亡"观点,即伊里奇的"非学校化社会"理论和美国"在家上学"现象。理解其提出的理由与主张。

2. 分析教育功能。运用教育功能理论,从社会进步、文化传承和人的发展三个方面评价伊里奇的观点。分析其观点如何忽视教育的社会功能与文化功能,过于强调教育的发展功能从而导致极端化。

3. 分析学校的作用。结合学校在促进认知发展、社会情感发展与形成生活习惯等方面的作用,分析"在家上学"现象的合理性与局限性。说明家庭教育与学校教育的不同角色与作用。

4. 总结观点。在答题结束时,对上述两种观点的分析评价进行总结。重申学校教育的必要性与其在教育功能实现方面的独特作用。但同时也要看到学校改革的必要性。

5. 避免过于绝对化。在分析评价两个观点时,要避免采取过于绝对化的态度。要在肯定学校作用的同时,也看到学校改革的必要性与家庭教育的重要补充作用。

参考答案:

(1)教育功能指教育对个体和社会的作用。根据默顿的划分,教育功能可以划分为正向功能和负向功能、显性功能和隐性功能。

伊里奇认为学校剥夺了人独立自主的学习动机和能力,看到了教育对个体的负向功能。学校教育追求制度化、标准化,没有考虑到个体的需求,扼制了个体的创造力、主动性。伊里奇认为学校通过文凭、学历对人的社会地位进行分层,导致更深刻的社会两极分化,带来了灾难性后果,看到了教育对社会的负向隐性功能。学校并不是促进社会公平的一种手段,反而通过文化资本的占据,再生产了社会不公平,复制了现有的社会生产关系。因而伊里奇的观点具有合理性。

但是,学校教育对个体与社会仍是具有正向功能的。如学校教育对个体而言,可以促进其对系统知识的学习和掌握,培养其形成良好的学习习惯和道德品质,促进个体的个性化和社会化。学校教育通过培育合格的人才促进社会的发展,这些正向功能是不可忽视的。

所以伊里奇主张废除学校的观点是偏激的。

(2)影响人身心发展的因素是多方面的,如遗传、环境、个体主观能动性和学校教育。其中学校教育在人的身心发展中起主导作用,学校教育提供了系统知识的传授,有专门的教师和专职人员,通过集体的作用促进学生的发展,促进了个体的个性化和社会化。

但是学校教育在对人的身心发展方面也有一些不利影响。如标准化考试扼制了学生的创造力,抹杀个性,班级授课制难以兼顾每个学生的学习需要。所以"在家上学"的出现是具有其必然性的。

即便如此,"在家上学"也不能超越学校教育的主导地位。首先,"在家上学"在对父母提出更高要求的同时,也可能会导致学生丧失自主性。其次,我国目前还没有相关的法律法规为其提供合理性依据。最后,"在家上学"不可避免地使学生失去了更多与同辈交流的机会。所以,我们必须理性对待"在家上学"这种现象。

材料四

阅读下列材料,写一篇不少于350字的教育评论,题目自拟。

为建立健全违反师德的惩处制度,切实解决当前存在的师德突出问题，教育部制定了《中小学教师违反职业道德行为处理办法》（征求意见稿），详细列举了师德战线十项禁令：（一）在教育教学活动中有违背党和国家方针政策言行的；（二）在教育教学活动中遇突发事件时，不履行保护学生人身安全职责的；（三）在教育教学活动和学生管理、评价中不公平公正对待学生的；（四）在招生、考试、考核评价、职务评审、教研科研中弄虚作假、考试舞弊的；（五）体罚学生的；（六）以侮辱、歧视、孤立等方式变相体罚学生，造成学生身心伤害的；（七）骚扰学生或者与学生发生不正当关系的；（八）索要或者违反规定收受家长、学生财物的；（九）开展或者组织参与针对学生的经营性活动，或者强制学生订购教辅资料、报刊等谋取个人利益的；（十）不听劝阻，组织、要求、诱导学生参加校外有偿补课，或者参与校外培训机构对学生有偿补课的。

答题逻辑：

对于这类教育评论题，我们可以采取以下的答题策略：

1. 理解材料。要准确理解教育部《中小学教师违反职业道德行为处理办法》（征求意见稿）提出的十一项禁令的内容。理解其目的与意图。

2. 提出评论角度。可以从教学环境与氛围、教育公平与学生发展、教育本质与教师责任等角度进行评论。选择一个角度作为主轴线进行论述。

3. 展开论述。围绕选择的评论角度，对此办法的意义与作用进行全面论述。如从教学环境角度，论述其有助于营造人性化环境，保障学生的安全与健康；从教育本质角度，论述其有助于摆脱教育的市场化倾向，实现师生相互的尊重与信任。

4. 提出肯定意见。在评论中要充分肯定此举措的积极意义与作用。用理论或案例进行论证，表达明确的支持态度。

5. 讨论实施策略。在肯定意义的同时，也要讨论实施中可能存在的困难，提出完善策略。如要结合实际，加强监督等。

6. 表达个人观点。在评论中表达自己对此办法的总体看法。

如认为这是一个推动教育改革,实现素质教育的积极举措。个人观点要明确且具有理论依据。

参考答案:

加强师德师风建设打造一流师资队伍

百年大计,教育为本;教育大计,教师为本。"师德"即教师的职业道德,师德是教师操行修养的基本规范,是教书育人的根本保证。师德师风建设是建校之基、立校之本、兴校之源,是一项重大的建设工程。所以我们要重视师德的建立。

教育部制定的《中小学教师违反职业道德行为处理办法》(征求意见稿),是一个对提高教师职业道德有积极意义的文件。

首先,这一办法明确禁止了一系列严重损害学生身心健康的错误行为,如体罚学生、变相体罚学生、与学生发生不正当关系等。这有助于制止教学中的暴力和侵害行为,保障学生的人身安全与心理健康。在教学过程中,学生处于弱势地位,容易受到教师的伤害。这一办法的出台,有利于加强教师的职业操守,营造真正温馨与和谐的教学环境。

其次,这一办法禁止教师在教学管理和评价过程中采取不公平、不公正的做法。这有助于实现教育公平,不会因为教师的主观偏好而对学生产生误导或伤害。让每一位学生都能在最佳的学习氛围中获得最佳的发展,这也是教育最根本的要义所在。

最后,这一办法禁止教师为谋取私利而损害学生利益的行为。这让教育摆脱了市场化倾向,回归教育本质,实现师生之间的相互信任与尊重。让教师的教育情怀得到体现,教学过程中真正把学生的全面发展作为教育的出发点和落脚点。

综上,这一办法的制定体现了教育部对加强教师职业道德建设的重视,其明确的禁止条款有助于营造人性化教学环境,实现教育的本质要求,这对于推动教育改革,提高教育质量有着积极的意义。在实施中需要各学校结合实际,不断完善相关制度,严肃查处违反者,以达到此举措的预期效果。

材料五

阅读以下材料，按要求回答问题：

材料一：多年来，应试教育尽管备受口诛笔伐，却"打而不倒"，而且仍"根深蒂固"。原因究竟在哪？在中国很多老百姓心目当中，读书的目的从来就是"学而优则仕"，这已经变成为一种集体无意识，从不会有"学而优则工"等其他想法。德国教育专家卢旺克进一步指出："中国的教育不是为了孩子，而是为了满足一种被社会承认的标准"。难怪有人感叹：上至数十年从事教育的著名专家、神通广大的有权之人，下至普通公民，大多在我们自己创造出来的应试教育这个怪物面前俯首称臣，敢言而不敢怒，不敢越雷池半步。于是，人们一边诅咒应试教育，一边顺应应试教育，全然不顾诅咒落在了自己和孩子身上。（根据王新伟《教育变革需要文化自觉》改编）

材料二：北京大学钱理群教授在武汉大学老校长刘道玉召集的"《理想大学》专题研讨会"上，说了一段备受热议的话："我们的一些大学，包括北京大学，正在培养一些'精致的利己主义者'，他们高智商，世俗，老到，善于表演，懂得配合，更善于利用体制达到自己的目的。这种人一旦掌握权力，比一般的贪官污吏危害更大。"钱先生的话，针对的压根就不是北大学生，也不是名校学生，他针对的是整个中国教育。（根据谢湘、堵力《理想的大学离我们有多远 北大清华再争状元就没有希望》改编）

结合材料中所说的现象回答论述师生在教育过程中的不同角色以及如何建立良好的师生关系。

答题逻辑：

作答本题时，应注意以下几点：

1. 理解材料。要准确理解材料一和材料二中反映出的我国应试教育带来的问题，特别是对教师与学生角色的影响。准确把握作者的观点与意图。

2. 提出观点。结合材料内容，提出应试教育导致教师与学生角色定位失衡的观点。说明这种角色定位失衡的表现与危害。

3. 阐述理由。从教育功能、学习方式、价值观念等角度,说明应试教育为何导致教师与学生角色定位失衡。教师被定位为传授者,忽视学生发展。学生被定位为知识接受者,失去学习主体性。

4. 分析结果。分析教师与学生角色定位失衡所带来的问题,如教师无法关注每位学生,学生失去发展机会,教师与学生难以建立互信关系等。

5. 提出对策。就教师与学生角色重新定位提出对策。如教师要成为学生发展的促进者,学生要成为学习的主体。要推动教学方式和教育理念的变革。

6. 展望未来。在对策提出后,可以进一步展望教师与学生角色转变对教育发展的积极影响。如可以促进互动,建立信任,实现教育的真正意义等。

7. 结构清晰。对这种教育论述题,要表达清晰而连贯的观点。从问题提出、原因分析到对策提出要有清晰的逻辑结构。使表达显得条理清晰而不零乱。

8. 运用丰富案例。在分析问题的成因和影响时,举用相关案例可以使论述更为生动且更具说服力。

9. 语言规范。对教育论述题,要使用较为正式和规范的书面语言来表达观点和进行论证,以增强表达的说服力和影响力。

参考答案:

(1)根据材料一,我国长期实行的应试教育导致了许多负面影响。社会普遍存在"学而优则仕"的价值取向,忽视了教育的其他功能。这使得教育的主体地位从学生个体转移到社会期望,学生成为社会认同标准的满足者,教育的目的变成满足这种社会期望。这必然会落实到教师和学生在教育过程中所扮演的角色上。

(2)在应试教育下,教师更多地被定位为传道授业的角色,要通过严格的课堂管理和要求来达成教学目标,即考试成绩。而学生被定位为被动的知识接受者和记忆者,需要无条件服从教师和课程的要求。这种角色定位让教师与学生之间难以建立平等、互动和信任的关系。教师无法关注每位学生的发展,学生也失去在教育过程中发展潜能的机会。

(3)要改变这种状况,需要在教育理念和实践中做出努力。教师要转变为学生发展的促进者,关注每位学生的兴趣与特长,采取更为宽松和互动的教学方式,让学生在教育中找到意义和方向。学生也要主动参与到学习和思考中来,成为教育的主体,而不仅是被动的接受者。只有教师与学生在教育观念和实践中达成一致,互动配合、相互信任,教育才能发挥其应有的作用,培养真正的人才。

(4)总之,在我国应试教育背景下,教师和学生的角色定位失衡,不利于建立良好的师生关系。要改变这种状况,教师要转变为促进学生发展的引导者,学生要成为教育的主体和参与者。只有教师与学生在新教育理念的指导下,达成互动和信任,教育才能真正促进人的全面发展。此外,也需要社会观念的变革和教育实践的创新。

材料六

阅读下列材料,分析其中蕴含的教育思想,并围绕这种思想论述教育应如何主动回应现代社会发展与个人成长需求的挑战。

仅从数量上满足对教育的那种无止境的需求(不断地加重课业负担)既不可能也不合适。每个人在人生之初积累知识,而后就可无限期地加以利用,这实际上已经不够了。他必须有能力在自己的一生中抓住和利用各种机会,去更新、深化和进一步充实最初获得的知识,使自己适应不断变革的世界。

答题逻辑:

对于这类教育思想论述题,我们可以采取以下的答题策略:

1. 分析材料。准确理解材料中表达的教育思想,即教育不能仅通过增加知识数量来满足需求,更重要的是培养学习者持续学习和不断更新知识的能力,以适应社会变革。

2. 提出观点。结合材料内容,提出教育要主动回应社会与个人发展需求,重点培养学习者的终身学习能力和适应变革的能力,而不仅追求知识量。这是当下教育发展的必然要求。

3. 举例论证。举例说明当今社会知识更新很快,技术变革迅速,工作要求也在不断提高。这需要学习者具备持续学习的意识与能力,以适应不同阶段的需求与变化。如果教育只注重知识传授,难以达到这一要求。

4. 说明意义。说明培养终身学习能力和适应变革能力的重要意义。如可以激发学习兴趣,促进个人发展,提高适应社会的能力,满足工作需求等。这也是教育的基本任务。

5. 提出对策。就教育课程设置、教学方法、师生角色定位等方面,提出培养终身学习能力的对策。如设置综合实践课程,采用研究式教学,学生作为学习主体等。要培养学习的态度与方法,而不仅注重学习的内容。

6. 展望未来。展望若教育能培养学习者的终身学习能力,对社会与个人发展的积极影响。如学习者可以主动适应知识更新与职业变化,实现自我发展,创新创业等。社会总体知识水平和技能水平也会不断提高。

7. 逻辑结构。对这类思想论述题,要清晰表达逻辑思维过程。从理解教育思想,提出观点,举例论证,分析问题与意义,提出对策,到做出展望。行文要条理清晰、层次分明。

8. 语言规范。使用正式书面语言、流畅表达观点,进行论证。使答案显得规范、准确而有说服力。

参考答案:

这段文字所蕴含的是终身教育思想。终身教育思想主张教育在时间上贯穿人的一生,在空间上拓展到全社会。终身教育是保罗·朗格朗在20世纪60年代提出的,是指人们在一生各阶段中所受各种教育的总和,是人所受不同类型教育的统一综合。包括教育体系的各个阶段和各种方式,既有学校教育,又有社会教育;既有正规教育,也有非正规教育。终身教育思想冲破了传统教育理论对教育的定义,扩大了人们对教育的研究视野,同时拓展了教育的内涵和外延,实现了对传统教育的超越和变革,进一步促进了教育与生产劳动、社会生活的有机结合,它已成为建立学习型社会的象征。

现代社会的发展与人的发展给教育带来了挑战,如社会变革的加速、大众传媒的迅速发展带来的社会信息化、科学知识和技术的进步等对教育的挑战;人口增长及人的寿命的延长、人们拥有越来越多的闲暇时间、个人需要和生活方式的多样化等对教育的挑战。应对这些变化,教育需要:

(1)转变教育观念:树立大教育观,同等重视正规教育与非正规教育。

(2)转变教育体系:构建终身教育体系,使教育贯穿人的一生。

(3)改变教育目标:培养和提升人终身学习的意识和能力,建设学习型社会,为所有人提供合适的教育。

(4)改变教育方式:实施多样化的教育,促进学习者更加主动地学习。

材料七

分析下列材料所揭示的问题及其原因,并论述如何通过课堂教学组织形式的改进促进教学过程中的机会均等。

每个教师都意识到应努力为班内的所有学生提供均等的学习机会,然而,群体教学中的实际情况与这种理想相差甚远。对师生在课堂里相互作用所进行的观察表明:教师(十分无意识地)针对某些学生进行教学与讲解,而忽视了其他学生。教师给予了某些学生更多的积极强化与鼓励,鼓励他们积极参与课堂讨论以及回答问题,对待其他学生就并非如此。一般说来,教师对班内三分之一或四分之一的优秀生最为关注并给予最多的鼓励,班内半数较差的学生所得到的关注与帮助最少。师生之间关系的这些差异使得一些学生得到了(其他学生所得不到的)更多的机会与鼓励。

答题逻辑：

对于这类课堂教学论述题，我们可以采取以下的答题策略：

1. 分析材料。准确理解材料中反映出的课堂教学存在的问题，即提供学习机会不均等。理解这一问题的表现形式与危害。

2. 提出观点。结合材料内容，提出课堂教学要促进学习机会均等，这是实现教育公平和学生发展的必要条件。

3. 分析原因。从教师因素、教学方式和班级因素等角度分析造成学习机会不均等的原因，如教师偏袒优异学生、教学方式单一、班级人数多等。应进行全面而深入的原因剖析。

4. 说明意义。说明提供学习机会均等的重要意义和价值。如有利于保障每位学生的发展权，激发学习动机，培养学习能力等。这也是课堂教学的宗旨之一。

5. 提出对策。从教学方式改革、课堂管理优化、师资培养等方面提出提供学习机会均等的对策。对策要具体而可操作，并说明各项对策的作用机理。

6. 展望效果。论述如果能实现学习机会均等，对学生发展、教师专业成长及教育公平会产生什么样的积极影响。采取乐观的态度进行展望。

7. 结构清晰。对这类教育论述题，要有清晰连贯的表达思路。从阐明问题，分析原因，到提出对策和展望，要有清晰的逻辑结构以增强论证的说服力。

8. 举例论证。在分析问题原因和意义时，举例可以使表达更生动，增强说服力。但举例要恰当，不可过多，影响全文结构。

9. 语言规范。使用正式书面语言来表达观点和进行论证。少用口语表达，宜采用连词进行句间衔接与过渡。

参考答案：

（1）材料反映出我国课堂教学存在提供学习机会不均等的问题。教师在无意识中会更加关注某部分学生，给予他们更多鼓励与帮助，而忽视其他学生，导致学习机会的分配不均。

（2）造成这一问题的原因有：

① 教师倾向于关注表现优异的学生。教师会更加关注那些回答提问积极，课堂表现突出的学生，忽视其他学生的需求。

② 教学方式单一。我国课堂教学仍以教师讲授为主，较难关注到每位学生的学习情况与需求。这种方式也不利于提高学生的学习参与度。

③ 班级管理难度大。我国初高中班级人数较多，教师较难在有限时间内关注到每位学生，这也是学习机会分配不均的原因之一。

④ 教师专业发展缺乏。教师的专业发展与培训不足，使教师在课堂管理与组织方面的专业素养较差，难以根据不同学生的需求采取针对性教学。

（3）要解决这个问题，可以从以下几个方面进行课堂教学组织形式的改进：

① 采用多元教学方式。除教师讲授外，还可以采用小组讨论、合作学习等方式，提高学生的学习参与度，也使教师更容易关注到每位学生。

② 合理分组。学生可以按兴趣与能力进行分组，教师可以针对不同小组采取不同的教学方式、安排不同的教学进度，使每个学生都可以得到学习机会。

③ 加强教师专业发展。定期对教师进行专业培训，提高其课堂管理与组织能力，使教师可以根据不同学生的学习特点采取针对性教学，提供适当的帮助。

④ 优化班级人数。适当减少班级人数，使教师可以更好地关注每位学生，及时发现和满足不同学生的学习需求。

⑤ 鼓励互动。营造平等互动的课堂氛围，鼓励每个学生都积极提问与发言，使教师也可以更容易注意到不同学生的表现与需求。

综上，要通过课堂教学组织形式的改进来促进学习机会均等，需要变革教学方式，优化课堂管理，加强教师专业发展，营造互动氛围等。相关教育主管部门和学校需要高度重视与支持，持续改进与创新教学组织形式，才能真正实现课堂教学中学习机会的均衡与公平。

材料八

请以下述材料为背景，叙述晏阳初和梁漱溟所提出的乡村教育方案，并比较他们乡村教育理论的异同。

20世纪二三十年代，中国在全国范围内广泛兴起了以改革农村和农民现状为宗旨的乡村教育运动，不少学者纷纷提出自己的主张。晏阳初认为：中国乡村存在四大基本问题，即愚、穷、弱、私。"愚"指人民绝大多数是文盲；"穷"指人民生活的极度贫困；"弱"指缺乏医疗保障，人民健康水平低下；"私"指人民缺乏合作精神和公民意识。梁漱溟则认为：上述问题只是中国社会的表面现象，其深层原因是文化失调。中国文化的根在乡村，解决中国问题必须从乡村建设入手，从中国旧文化里转变出一个新文化来，以创造新文化来救活旧乡村。

答题逻辑：

对于这类教育思想比较题，我们可以采取以下的答题策略：

1. 分析材料。准确理解材料中所提供的晏阳初和梁漱溟两人的乡村教育理论主张。抓住其理论的要点与侧重。

2. 提出比较角度。根据两人理论主张的差异，提出比较的角度。如从出发点、内容、方法、影响等方面进行比较。

3. 分述异同。先分别简要阐述两人理论的要点，说明在比较角度上的差异。然后再比较两人理论在目的、内容上具有的共同性。采取分而比之的方式。

4. 分析影响。分析两人理论对我国乡村教育改革的不同影响与贡献。如晏阳初的理论更加注重解决实践问题，梁漱溟的理论更加注重思想解放等。

5. 评价意义。在对两人理论进行比较的基础上，评价其理论在我国乡村教育发展史上的重要意义和现实价值。它们体现出同一时期的进步思潮，对教育事业的发展产生过重要推动作用。

参考答案：

（1）二者的乡村教育方案。

晏阳初提出"四大教育"：以文艺教育攻愚，培养知识力；以生计教育攻穷，培养生产力；以卫生教育攻弱，培养强健力；以公民教育攻私，培养团结力。"三大方式"：学校式教育，以青少年为对象设置初级、高级平民学校和生计巡回学校；社会式教育，以一般群众和农民团体为对象开展读书、演讲等活动；家庭式教育，以家庭中各成员为对象的生活、生产常识教育。

梁漱溟提出建立行政系统与教育机构合一的乡农学校。学校由学众、教员、学董、学长组成；学校按自然村落和行政级别分村学与乡学两级，实行"政教养卫合一""以教统政"，将学校式教育与社会式教育合一；学校课程分两类，其一为以知识教育和"精神讲话"为内容的共有课程，其二为各校根据自身生活环境而设的个别课程。

（2）二者的异同。

相同之处：

晏阳初与梁漱溟均注重乡村教育在乡村建设中的作用，并将教育与乡村经济、文化、道德等方面结合起来共同建设，在方式上均注意学校教育与社会教育的结合。

不同之处：

① 二者对中国问题的认识不同。晏阳初对中国农村问题的分析更多的是对中国"社会病"具体表象的归结；梁漱溟则着力从中国文化中寻找中国乡村问题的病因。

② 乡村教育的理论和方案设计的指导思想不同。晏阳初更注重乡村具体问题的解决，并引进现代民主意识和西方社会治理模式；梁漱溟则主要借鉴中国古代乡约制度并加以改造，更注重弘扬传统道德。

郑重声明

高等教育出版社依法对本书享有专有出版权。任何未经许可的复制、销售行为均违反《中华人民共和国著作权法》，其行为人将承担相应的民事责任和行政责任；构成犯罪的，将被依法追究刑事责任。为了维护市场秩序，保护读者的合法权益，避免读者误用盗版书造成不良后果，我社将配合行政执法部门和司法机关对违法犯罪的单位和个人进行严厉打击。社会各界人士如发现上述侵权行为，希望及时举报，我社将奖励举报有功人员。

反盗版举报电话　（010）58581999　58582371
反盗版举报邮箱　dd@hep.com.cn
通信地址　北京市西城区德外大街4号
　　　　　高等教育出版社法律事务部
邮政编码　100120

作者投稿及读者意见反馈

为方便作者投稿，以及收集读者对本书的意见建议，进一步完善图书的编写，做好读者服务工作，作者和读者可将稿件或对本书的反馈意见、修改建议发送至kaoyan@pub.hep.cn。

防伪查询说明

用户购书后刮开封底防伪涂层，使用手机微信等软件扫描二维码，会跳转至防伪查询网页，获得所购图书详细信息。

防伪客服电话　（010）58582300